第2版 実践理解！

経理、総務、経営企画部門
担当者のための

公認会計士
和田正次 著

月次決算書の見方・説明の仕方

税務研究会出版局

まえがき

 2010年代も後半に入った現在、企業の経営環境において、国内景気の回復期待が続く一方で中国を中心とした新興国経済の減速不安が生じてきています。期待と不安、経営環境においてどちらの影響が強まるか、経営者には環境変化を迅速にとらえ、望ましい経営施策を確実に実行することが求められます。そのために必要なことは、変化をとらえた正しい経営情報の適時・的確な報告です。
 その変化にもっとも近い位置にいる、いわば"変化の現場報告書"が月次決算書です。

 月次決算の役割は、企業の最新の経営成績や財政状態を月次ベースの決算書としてまとめること（作成する会計）だけではありません。作成された月次決算書から経営成績や財政状態に関する情報を整理・報告し、望ましい経営判断と行動に役立たせる（利用する会計）という重要な役割を担っています。
 作成する会計と利用する会計、どちらがより多くの人に必要とされるかという点に関しては「利用する会計」に軍配が上がるでしょう。「利用する会計」は経営者や経営管理者、そして経理、総務、経営企画部門のすべての人にとって業務で必要となりますが、作成知識までは必要とならないからです。

 本書のねらいは「利用する会計」の楽しさを実感していただくことにあります。
 決算書の作成には守るべきルール（基準）があり、そのルールに従って企業の経営実態を忠実に表現することが求められます。一方、決算書の利用に

関しては守るべきルールはありません。自由です。ルールがなく自由であるということは、人（企業）の活用レベルによって差が生じ、その差が業績の差につながります。利用する会計を学ぶことの重要性はここにあります。楽しみながら学習を進めて行きましょう。

企業の財務情報がまとめられている決算書、特にもっとも新鮮な財務情報である月次決算書から経営判断と行動に役立つような情報を拾い上げてくる作業には、宝石となる原石を拾い上げるような楽しみがあります（月次決算の見方）。

そして原石を磨き上げ、輝く宝石としてこれを必要としている人にプレゼントするのも楽しみになるでしょう（月次決算の説明の仕方）。

ここで、月次決算を理解するために知っておきたい企業の特性を挙げておきます。それは、「企業は現在の経営環境が今後も継続するという前提で経営しているので、変化に弱い。」という点です。

この特性によって、企業は変化への対応が遅れがちになり、大きな変化が起きたときには重大なダメージを受けやすくなります。リーマンショックの直後に大手企業が大幅な赤字となったのも、この特性によるものと考えられます。

この点を理解して、現状よりも変化に力点を置いて月次決算データを読み、いち早い対応をすることが月次決算の効果を高めるためにはきわめて重要です。

本書は、説明と図表を基本として主に見開き2頁で解説しています。事例やケーススタディも多く取り入れ、より実践的な内容となるように配慮しました。また月次決算だけでなく、年度決算の見方・説明の仕方も解説しています。両者の違いから月次決算の見方の重要ポイントも理解していただけるでしょう。

本書は初版以来、読者の皆様のご支援を得て数回にわたる増刷を行ってきましたが、ここに第2版を発行することとなりました。本書第2版では新たに第7章として「部門別損益計算書の作成と説明のポイント」を追加しております。財務会計報告に管理会計の手法を加えることで、経営者が必要とする情報が手に取るように明らかになってきます。その他にも第6章に新たに統計的手法による固変分解（固定費と変動費の分解）の解説を加え、また情報も新たにして内容を大幅に拡充しております。本書を通じて、宝石の原石となる重要な財務情報の拾い方（月次決算の見方）と、情報を理解して分かりやすく説明する方法（月次決算の説明の仕方）を習得していただき、企業とあなたの成長に少しでもお役に立てれば幸いです。

　最後に、本書第2版の出版に際しては、税務研究会出版部の柳原聡志氏を始め同社の多くの方に大変お世話になりました。心より感謝申しあげます。
　2016年2月

　　　　　　　　　　　　　　　　　　　　　　　　　　和田　正次

目　次

第1章　月次決算と企業経営
〜企業経営の実態は現状と変化の二面でとらえることが重要〜

1 月次決算の見方は未来志向……………………………………………2
2 黒字会社が赤字会社になるパターン……………………………………4

第2章　月次決算の目的
〜月次決算は経営管理ツールであり利用する立場を強く意識する〜

1 月次決算の目的……………………………………………………10
2 月次決算の報告者に求められる能力……………………………10
3 月次決算（会計）を知らずに経営はできないはず……………12
4 月次決算の副次的な目的…………………………………………12

第3章 月次決算で説明すべきポイントと説明ノウハウ

～「ケーススタディ　甲社の月次損益計算書」～

1 説明力を高める基本フォーム……………………………………16
2 現状分析による説明………………………………………………18
3 変化分析による説明………………………………………………20
4 記憶に残る数字の読み方…………………………………………24
5 経営者を補佐する経営管理部門と会計事務所の役割…………27
　　1　経営管理部門の役割　27
　　2　会計事務所の役割　27
6 問題解析力とプレゼンテーション力は
　　どうすれば高まるか………………………………………………29
　　1　問題解析力　29
　　2　プレゼンテーション力　31

第4章 月次決算と年度決算の見方の違い

～月次決算は変化の兆し、年度決算は変化の方向・持続性を読む～

1 月次決算に求められる正確性のレベル…………………………34
2 年度決算との比較で見る月次決算の読み方……………………36
3 年度決算ではトレンドを読む……………………………………38

第5章 損益計算書からの説明ポイント

～それぞれの利益の特徴を理解してすべての利益に説明ポイントを置く～

1 損益計算書の仕組み………………………………………………42
1. 損益計算書の特徴は引き算であること　42
2. どの利益に重点を置いて説明するか　44
3. 各種利益の特徴　46

第6章 利益を守り、増やすためのコンサルティング説明

～利益が生まれる仕組みを理解して提案型の決算説明を行う～

1 利益が生まれる仕組み………………………………………………50
1. 利益管理のポイントは変化　52

2 損益分岐点を意識する………………………………………………54
1. 売上高と固定費・変動費　54
2. 損益分岐点の分析　56
3. 会社の最大赤字はいくらになるか　56
4. 損益分岐点の計算　58

3 「利益が生まれる仕組み」のまとめ………………………………60
1. 利益が生まれる仕組み（その1）
   固定費（月初の赤字）VS 限界利益（赤字の吸収剤）　60
2. 利益が生まれる仕組み（その2）
   追加の利益は猛スピードで集まってくる　62

4 利益を決める3要素･･････････････････････････････････････64
　1　利益をタテとヨコの双方向から説明する　64
　　Q&A ①　社長の疑問（固定費の増加と売上の増加）　66
　　Q&A ②　社長の疑問（固定費の増加と限界利益の増加）　68

5 利益減少の要因は好調時に形成される･･････････････････････70
　1　増益の要因が外部環境の好転にあるときは要注意　70
　　Q&A ③　社長の疑問
　　　　　　（なぜ売上高販管費率は下がるべきなのか）　72

6 月次決算データから利益を予測し、目標設定する方法･･･････74
　1　固定費・変動費の分解（固変分解）　74
　2　統計的手法による固変分解　77
　3　損益分岐点と予想売上高からの利益額の算出　80
　4　目標利益額に必要な売上高の算出　82

7 月次決算と節税対策･････････････････････････････････････84
　1　月次決算では税金の金額よりも税引後利益を意識する　84
　2　節税策のパターンを整理し、自社に合った節税策を
　　説明する　86

第7章　部門別損益計算書の作成と説明ポイント

〜部門別損益計算書で会社の強みと課題、
さらに利益向上に必要な対策を明らかにする〜

1　「売上総利益」までの部門別損益計算書の説明･････････････90
2　「営業利益」までの部門別損益計算書の作成と説明････････96
　1　財務会計ベースで作成した部門別損益計算書　96

2 管理会計ベースで作成した部門別損益計算書　98

第8章　貸借対照表からの説明ポイント

～貸借対照表は経営情報の宝庫、いかに重要情報を引き出すか～

1 貸借対照表の仕組み……………………………………………… 102
2 主要ブロックの見方・説明の仕方……………………………… 104
3 貸借対照表では最初にどの数字に着目するか………………… 106
4 「運転資本とは何か」の質問にはこう答える………………… 108
　　Q&A ④　社長の疑問（買掛金に利子が付かない理由）　110
　　Q&A ⑤　社長の疑問（売掛金や在庫を減らすメリット）　112
5 貸借対照表で利益の使い途を説明する………………………… 114

第9章　資金繰りの理解と説明ポイント

～資金繰りの理解＝貸借対照表の理解～

1 貸借対照表が読めれば資金繰りのコツも分かる……………… 118
　　Q&A ⑥　社長の疑問（赤字会社の資金繰りを良くする方法）　120
　　Q&A ⑦　社長の疑問（良い借金と悪い借金）　122
2 資金繰り表の仕組みと見方……………………………………… 124
　　1　資金繰り（計画）表の仕組み　124
　　2　資金計画表の見方　124

3　事例の資金計画分析の説明　*126*

3　多桁式出納帳の作成……………………………………… *128*
4　資金計画表の予定・実績分析と報告…………………… *130*
　　1　事例の資金計画表の予定・実績分析（予実分析）　*130*
5　資金繰り表を経営改善に役立てるためのポイント……… *132*
6　キャッシュフローとキャッシュフロー成果は
　　同じではない………………………………………………… *134*

第10章　キャッシュフロー計算書からの説明ポイント

〜キャッシュフローデータは並べて説明する〜

1　キャッシュフロー計算書の仕組み……………………… *138*
2　キャッシュフロー計算書の３つの区分………………… *140*
3　貸借対照表の増減とキャッシュフロー計算書………… *142*
4　キャッシュフロー計算書のパターン別分析…………… *144*
　　1　ケース１　黒字で、資金が増えても問題となるケース　*144*
　　2　ケース２　資金が大幅に減少しても問題と
　　　ならないケース　*148*
5　月次決算説明とキャッシュフロー計算書……………… *152*
6　キャッシュフロー計算書の要約情報…………………… *154*
7　貸借対照表、損益計算書、資金の関係を
　　理解するための演習……………………………………… *156*
　　1　設例１（初級）　*156*

 2 設例2（中級） *158*
 3 説例3（上級） *160*
 Q&A ⑧ 社長の疑問（なぜ運転資本の増加は資金のマイナスになるのか） *164*

第11章　年度決算書から未来を読んで説明する
～時系列分析で未来を読む～

1 なぜ赤字が連続するのか……………………………………… *168*
 1 実績分析 *168*

2 コスト削減はスピードが勝負……………………………………… *170*
 1 将来分析 *170*

3 利益を大幅に増やすための提案ができるか……………………… *172*
 1 収益の柱はどこか *172*
 2 課題と収益向上のタネ *172*

4 借金の水準は適正かどうかの説明………………………………… *174*
 1 貸借対照表の現状と変化を読む *174*
 2 借金の水準の適正性をどう評価するか *176*

5 資金成果の使い途で経営の安定度が読める……………………… *178*

6 ケーススタディ　経営安定企業の資金の使い方…………… *180*

第12章 決算説明に使う分析指標

~決算説明に使う分析指標は必要最小限に絞る~

1 望ましい成長が実現しているかどうか………………………… *184*
2 説明に使用する経営指標は ROA を核とする ……………… *186*
 1 貸借対照表を経営目的から説明する *186*
 2 貸借対照表と損益計算書の関係を経営目的から説明する *186*
 Q&A ⑨ 社長の疑問
    （ROA ではなく売上高利益率ではダメか） *188*
3 ROA を核にして各種回転率を説明する …………………… *190*
4 流動比率……………………………………………………………… *192*
 1 流動比率は数値だけで判断しない *192*
5 流動比率が低くても安全な場合………………………………… *194*
6 年度決算の説明で使用する分析指標………………………… *196*

第13章 実践！決算書の経営情報と説明事例

1 業績悪化傾向が見え始めてきた甲社での月次決算報告…… *200*
 1 利益の現状と要因 *201*
 2 利益の変化分析 *202*
 3 利益減少のさらなる要因分析と対応 *203*
2 大規模設備投資を検討している高成長乙社での
月次決算報告………………………………………………………… *204*

1 利益の現状と要因　*206*
   2 利益の変化分析と売上総利益の成長確保に必要なこと　*207*
   3 総資産の推移とリスク　*211*
   4 各資産の推移と設備増強の是非　*211*
   5 負債の減少と自己資本比率の上昇　*213*
   6 リスク吸収力の強さを裏付けるデータ　*214*
   7 運転資本の減少から資金を生み出す　*216*
   8 キャッシュコンバージョンサイクル　*217*

3 債務超過状態で赤字が継続している丙社での年度決算報告 …………………………………… *218*
   1 財政状態の現状と変化　*219*
   2 貸借対照表からの成果の説明　*219*
   3 黒字化の先手は赤字要素の根絶　*221*
   4 役員給与の減額の効果　*221*

4 安定的な利益を目指す丁社での月次決算報告 ……………… *222*
   1 利益の現状と要因　*223*
   2 十分な利益と言えるか　*223*
   3 返済実績から月間平均返済額を計算する　*225*
   4 必要な資金を生み出しているか―損益計算書から　*226*
   5 必要な資金を生み出しているか―貸借対照表から　*226*
   6 利益は万能の経営成果　*227*

第1章

月次決算と企業経営

企業経営の実態は現状と変化の二面で
とらえることが重要

1　月次決算の見方は未来志向

　経営データの読み方としては、現状分析と変化分析があります。具体的に検証してみましょう。

　たとえば、A社の今年4月（X01年4月）の売上高が150百万円、営業利益が15百万円だったとします。現状で売上高営業利益率が10％もあるのですから、高収益です。問題がないと考えて良いでしょうか。

　「売上高営業利益率が10％もある」という点について考えてみましょう。この数字は悪い数字ではありません。むしろ高収益率の会社といえるでしょう。ただし今後も維持できるのかどうかまでは分かりません。

　「そんな将来の数字まで分かるわけがない。」

　そんな声が聞こえてきそうですが、実は分かる場合もあるのです。

　もし1年前の同月、X00年4月の売上高が100百万円で営業利益30百万円であったとしたら、どうでしょう。現在は売上高が1.5倍となっていますが、営業利益は1／2の水準に落ちています。つまり、「増収・減益」です。成長企業においては、設備投資はもちろんのこと、人の増員や事業スペースの拡大、研究開発や広告宣伝など、短期的には収益性を犠牲にすることとなっても規模拡大を進め、「増収・減益」となる場合も少なくありません。ただし、これは短期的に容認できるパターンであって、他の月次においても同様に減益が続いているとしたら見方を変える必要があります。月次決算データは見逃すことができない重要な警告を発しているのです。それは赤字への警告です。当然のことですが、赤字の警告は黒字の段階で発せられます。

　このままでは、A社は赤字会社になりかねません。なぜ赤字会社になるのか、数字によって検証してみましょう。

第1章　月次決算と企業経営　3

経営データは現状と変化に注目！

A社の今月（X01年4月）の売上高と営業利益の現状

X01年4月

売　上　高　150,000,000円 ┐
営業利益　　 15,000,000円 ┘ 営業利益率　10%

現状分析では問題ないように見える

 しかし、前年同月との変化を比較すると…

A社の前年同月（X00年4月）の売上高と営業利益からの変化

X00年4月

売　上　高　100,000,000円 ┐
営業利益　　 30,000,000円 ┘

X01年4月

売　上　高　150,000,000円 ┐
営業利益　　 15,000,000円 ┘

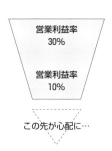

この先が心配に…

変化分析からは、見逃すことができない重要な事実が読める！

2 黒字会社が赤字会社になるパターン

　売上高原価率が40％、他のコストは人件費と賃借料のみとして、先ほどのA社が赤字に陥る危険性を考えてみます。

　（X00年4月）売上高100百万円、売上原価40百万円、
　　　　　　　人件費・賃借料30百万円、営業利益30百万円

　（X01年4月）売上高150百万円、売上原価60百万円、
　　　　　　　人件費・賃借料75百万円、営業利益15百万円

　このデータを見た瞬間に、危機感を覚えるようでなければなりません。
　これは売上高の増加がなかったことにしてでも、1年前のコスト水準に戻りたいと願うほど危機的な決算データです。
　その理由を翌年4月（X02年4月）の月次データを予想することで考えてみましょう。売上高がこのまま順調に増加するとはかぎりません。
　1年前の売上高に戻ってしまうと予想すると、営業利益はいくらになるでしょう。1年前の30百万円にはなりません。雇用と人件費を維持し、オフィスの移転もしないとすれば、15百万円程度の赤字になりかねないのです。

　（X02年4月）売上高100百万円、売上原価40百万円、
　　　　　　　人件費・賃借料75百万円、営業利益△15百万円

　これからも順調に会社が成長していくという前提での人員採用やオフィス拡張が赤字の要因になったのです。このケースは特別なものではありません。かつてのリーマン・ショックの影響で、一時的にせよ売上高が半分になった企業も少なくありませんでした。
　このように、A社における今年4月（X01年4月）の現状は、過去からの変化も加味して分析することが重要です。変化を読むことは、将来を予測することでもあります。

第1章　月次決算と企業経営　　5

赤字の危険性は月次決算で出来るだけ早く摘む

〈変化からリスクによる影響を検証する〉

増収・減益の原因の多くは売上に連動しないコストの増加！

X00年4月　　　　　　　　　　　X01年4月

売　上　高　100,000,000円 ──50%アップ──→ 売　上　高　150,000,000円

売　上　原　価　40,000,000円 ──50%アップ 売上に連動──→ 売　上　原　価　60,000,000円

人件費・賃借料　30,000,000円 ──2.5倍 売上に非連動──→ **人件費・賃借料　75,000,000円**

営　業　利　益　30,000,000円 ──減益──→ 営　業　利　益　15,000,000円

成長に必要なコストではあるが、利益圧迫のリスクも意識して急激に増やさない（攻守のバランスが重要！）

〈不況になって翌年同月の売上高が1年前の水準にまで減少すると…〉

赤字のリスクは経営判断の遅れを容赦しない！

X00年4月	X01年4月	X02年4月
売　上　高　100,000,000円	売　上　高　150,000,000円	売　上　高　100,000,000円
売　上　原　価　40,000,000円	売　上　原　価　60,000,000円	売　上　原　価　40,000,000円
人件費・賃借料　30,000,000円	人件費・賃借料　75,000,000円	人件費・賃借料　75,000,000円
営　業　利　益　30,000,000円	営　業　利　益　15,000,000円	営　業　利　益　△15,000,000円

月次決算は変化の方向とその変化の連続性を知る上で、きわめて重要な経営データです。

　A社のケースは成長企業に多く見られる落とし穴です。人件費・賃借料は1年間で30百万円から75百万円にまで上昇しています。この間に経営者は決算書を1回しか見ていないわけではありません。月次決算を行っていれば12回も見ているのです。水準よりも変化への注意によって経営悪化の兆しを捉え、危機を未然に防ぐ対応が可能となるのです。

　利益管理にしても資金管理にしても、変化への注意を怠ると、危機への対応が遅れ、巨額な利益や資金を失うこともありえます。**大きな増収増益よりも、小さくても増収増益が維持できることの方がはるかに重要**なのです。

Point
1．翌年の売上が予測できないほどに経済環境の先行きが不透明なときには、赤字のリスクは抑える。
2．赤字のリスクが顕在化してきたら（前年同月比で利益の減少が連続してきたら）コストの増加を抑えることが最優先の課題になる。
3．赤字慣れすると企業の成長力は急激に減退する。

対処すべきことは会計データの整理によって明らかになる

確実なことと不確実なことをリストアップすることで必要なことが見えてくる

確実（当然）なこと	不確実なこと
赤字を完全に避けることはできない	増収が今後も維持・継続すること
人件費や賃借料の増加は、増収が今後も維持・継続しなければ利益を圧迫し続ける	利益の拡大
	現在が赤字の場合、赤字の解消時期
経営悪化の兆しはできる限り早くつかむ	会社の存続
	成長チャンスの到来時期

成長チャンスと経営悪化の兆しを早くつかむ

対処すべきこと

継続する赤字要因を排除する

収益を高める準備としてのコストの増加は、増収のテンポに合わせる

外部環境が想定できる最悪の状態になったとしても、経営が維持できる財務体質を目指す

大きな事業チャンスをつかむためにも資金はできる限り温存する

月次決算を活用する！

第2章

月次決算の目的

月次決算は経営管理ツールであり
利用する立場を強く意識する

1 月次決算の目的

　なぜ月次決算を行うのかを明らかにすることは、月次決算の効果を高める上で重要です。目的を意識することは、行動を起こすよりどころを明らかにすることになるからです。月次決算の目的としては、会計情報を迅速に提供すること、予算の達成度合い（進捗率）を把握すること、年度決算の予測に役立てること、年度決算作成の時間を短縮すること等があります。事実を正確に伝えるという観点からの目的はこのとおりなのですが、これらはどちらかというと決算書の作成者側からの形式的な目的といえるでしょう。

　月次決算は制度会計ではなく経営管理手法としての会計です。定まったルールや様式がない代わりに、実質が問われるのです。

　月次決算の主たる目的、それは**会社の利益の維持・成長、財政の安定・強化に必要な正しい情報をいち早く提供し、経営者に望ましい経営施策を促す**ことにあります。

2 月次決算の報告者に求められる能力

　利益やキャッシュフローを増やし、会社の成長、財政の安定を実現するのは月次決算の目的ではありません。これは経営の問題です。

　だからといって、「赤字になったり、資金繰りが苦しくなったりするのは月次決算の問題ではない」とはいえません。それは、会計（月次決算）が経営に望ましい経営施策を促していない可能性もあるからです。伝えるだけでは不十分で、事実を分析し、相手（経営幹部）が理解できるように説明し、必要な対策を提案する能力、すなわち月次決算からの**問題解析力、報告力、提案力**が月次決算報告者には求められるのです。

第2章 月次決算の目的

月次決算報告は会計を利用する立場を強く意識する

月次決算の主な目的

作成する立場	利用する立場
会計情報を迅速に提供する 予算の達成度合いを把握する 年度決算の予測に役立てる 年度決算作成の時間短縮を可能にする	会社の利益の維持・成長、財政の安定・強化に必要な正しい情報をいち早く提供し、経営者に望ましい経営施策を促す

何を説明すべきか、どんなことに注意を促すべきかが明らかになる

望ましい経営成果を生み出すための月次決算報告

月次決算報告者に求められる能力　　問題解析力　報告力　提案力

3 月次決算(会計)を知らずに経営はできないはず

　月次決算で使われる会計の知識は経営者に必須です。月次決算報告者が的確に報告したとしても、経営者が理解できなければ経営に活かすことはできません。経営者は会計と経営をつなげる努力を怠ってはいけません。「会計のことは経理責任者や会計事務所に任せている」という社長がいるとしたら、経営の最重要情報を他人任せにしているようなものです。会社の将来が大事であるなら、会計への関心を強め、会計知識を深める努力を怠るべきではありません。経営者が会計に詳しくなれば、現場を指揮する幹部も会計に詳しくなります。詳しくならざるを得ないというのが本当のところです。資金がどのように作られ、利用されるのかという知識がなければ、現場の指揮は執れないはずです。

　さらに、経営幹部が会計に詳しくなれば、その部下の人々も会計に詳しくなります。そうすれば会社は次第に負けない会社になっていきます。負けない会社とは、赤字になりにくく、資金繰りに困らない会社のことです。負けない会社への徹底順序は、まず経営者の会計知識の習得からです。上司が会計を知らなければ、会計数値による説明・報告も目標指示もされないため、部下も会計を知らずに済んでしまいます。会計知識の習得は上から下に徹底していくのです。

4 月次決算の副次的な目的

　月次決算には副次的な目的もあります。この副次的な目的は、月次決算の動機付けにもなる、重要、かつ楽しい目的です。
　その目的とは、利益が増え、会社の財務力が頑強になっていくことを楽しむことです。会社の利益が増え、借入金の返済が順調に進み、預金残高が積

み上がっていくのを見るのは楽しいことであり、励みにもなります。この月次決算の副次的目的は、主目的によって経営が成果を上げると達成されます。

また、副次的な目的によって月次決算が楽しみになるから主目的の成果が上がるというように、相互作用で経営はどんどん良くなっていきます。

これはちょうど、ダイエットに通ずるところがあります。思うように数値が改善していけば事実(月次決算・体重計)の確認が楽しくなってきます。

事実を怖がって確認を避けると、せっかくの改善のチャンスも去っていきます。もちろん、思うような数値にならない場合もあるでしょう。その場合は原因が分かっているはずです。

ダイエットの場合には、食べ過ぎ・飲み過ぎ。

月次決算の場合には、過剰なコストや投資。

このように、失敗の原因がわかるようになると、対策によって利益だけでなく会社の財産も守られます。

第3章

月次決算で説明すべきポイントと説明ノウハウ

「ケーススタディ 甲社の月次損益計算書」

1　説明力を高める基本フォーム

　会計ソフトからの試算表をそのまま説明資料とすることは、情報の網羅性という点では良いのですが、重要な説明ポイントを絞りにくくなります。どうすればより的確に重要ポイントを伝えられるかという視点で、エクセルなどの表計算ソフトにデータを入れ直してみるのが良いでしょう。

　右頁のフォームは3月決算の会社（甲社）の月次損益計算書です。X01年9月が直近の月次データであり、その右側には比較のためにX00年9月の前年同月データを表示しています。前年同月比較は、季節要因や稼働日数など該当月の特殊性を考慮した分析ができ、非常に有用です。また、過去の推移分析で見逃しがちな連続する小さな変化を際立たせる効果もあります。毎月見ていると気がつかない点も、1年ぶりに見るとはっきりと変化がわかることがあります。

　当期純利益の下は累計利益を表示しています。累計利益は前期累計利益も比較のため表示しており、各月次での累計利益の対前期比較や、前期最終利益に対する各月次での累計利益の進捗度の分析が可能となっています。たとえば前期の最終利益が170,000千円であったとすると、今月次の進捗度は43％（＝今月累計利益（73,002）÷最終利益（170,000））となります。

「月次損益計算書」の基本フォーム例

月次損益計算書

前年同月　単位:千円

		X01/4	5	6	7	8	9	X00/9	当期合計
[売上高]		185,400	186,838	170,930	174,816	178,028	183,457	194,626	1,079,469
[売上原価]		62,729	62,036	55,233	58,633	59,033	61,701	61,299	359,365
売上総利益		122,671	124,802	115,697	116,183	118,995	121,756	133,327	720,104
[販売費及び一般管理費]		101,421	105,848	102,142	101,103	102,814	105,097	103,256	618,425
人件費	役員報酬	8,574	8,574	8,574	8,574	8,574	8,574	8,574	51,444
	給料手当	43,525	43,143	43,019	42,887	43,956	44,543	43,568	261,073
	雑給	1,080	1,248	1,188	1,076	1,445	1,063	1,523	7,100
	法定福利費・福利厚生費	4,706	8,534	4,275	5,324	4,738	4,703	4,470	32,280
	賞与・退職給付引当金繰入	10,077	10,077	10,077	10,077	10,077	10,077	10,127	60,462
	人件費合計	67,962	71,576	67,133	67,938	68,790	68,960	68,262	412,359
その他諸経費	通信費	1,557	1,614	1,614	2,003	1,701	1,691	1,555	10,180
	販売員旅費	2,107	1,897	2,070	2,236	2,148	1,949	2,595	12,407
	荷造運賃	9,834	10,626	9,720	9,056	10,647	11,173	10,381	61,056
	広告宣伝費	883	1,367	681	139	748	497	349	4,315
	交際接待費	552	115	2,003	474	619	272	588	4,035
	消耗品費	4,615	4,023	3,979	4,920	4,172	5,514	5,204	27,223
	租税公課	11	17	21	377	136	197	173	759
	支払手数料	908	1,014	1,138	973	993	1,265	1,603	6,291
	地代家賃	7,174	7,124	7,124	7,124	7,124	7,123	7,369	42,793
	減価償却費	2,558	2,558	2,558	2,558	2,558	2,558	1,395	15,348
	その他	3,260	3,917	4,101	3,305	3,178	3,898	3,782	21,659
その他諸経費合計		33,459	34,272	35,009	33,165	34,024	36,137	34,994	206,066
営業利益		21,250	18,954	13,555	15,080	16,181	16,659	30,071	101,679
[営業外収益]		671	1,235	777	822	919	769	447	5,193
[営業外費用]		180	995	320	236	283	569	973	2,583
経常利益		21,741	19,194	14,012	15,666	16,817	16,859	29,545	104,289
特別損益		0	0	0	0	0	0	0	0
税引前当期純利益		21,741	19,194	14,012	15,666	16,817	16,859	29,545	104,289
法人税・住民税及び事業税		6,522	5,758	4,204	4,700	5,045	5,058	8,864	31,287
当期純利益		15,219	13,436	9,808	10,966	11,772	11,801	20,681	73,002
累計利益		15,219	28,655	38,463	49,429	61,201	73,002	98,177	
前期累計利益		18,761	31,635	46,395	61,496	77,496	98,177	48,711	

2 現状分析による説明

　企業経営で特に重要な視点は「変化」と「リスク」を読むことです。

　現在の経営環境や経営成績が良好であるとしても、はっきりとした悪化の兆しが出てきているならば、対応を急がなければなりません。「リスク」も同様で、環境が良好なときには、会社の規模拡大が結果として望ましい経営成果につながることもありますが、規模拡大はリスクの拡大でもあります。環境悪化が見えてきたら、拡大を止めることを考える場面も出てきます。

　変化の情報は、年度決算ではなく、半期決算でも四半期決算でもない、月次決算でとらえます。したがって、現状分析とともに常に変化分析も同時並行的に実施する必要があります。

　先ほどの月次損益計算書のフォーム会社である甲社における月次損益計算書の説明を行ってみましょう。

〈現状分析〉

　損益計算書での説明の中心は利益です。説明を受ける相手（たとえば社長）の関心は、どのくらいの利益が出たかにあります。説明する利益としては売上総利益でも当期純利益でも問題ありませんが、説明のしやすさや馴染みのある利益としては「営業利益」、あるいは「経常利益」を最初に注目するのが良いでしょう。

　ここでは営業利益に注目してみましょう。

　9月の営業利益は16百万円台です。非常に高い営業利益を生み出しており、甲社の収益力は抜群です。

月次決算は現状と変化の両面から説明する

甲社の現状分析（X01年9月）

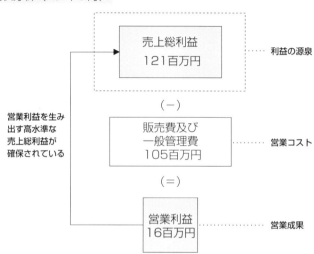

　甲社の売上総利益は121百万円です。

　売上総利益と販売費及び一般管理費の差額が営業利益となっています。利益の源泉として高水準な売上総利益が確保できていることが、甲社の黒字が継続できている要因です。

　売上が減少しても減少しないコスト・人件費のウェイトが高い甲社の収益を今後も安定化させるために必要なことは、安定的な利益の源泉を確保することです。固定費の多い会社はいかに固定収入を増やすかが課題です。

　現状分析から、甲社は利益の源泉となる高水準な売上総利益を確保し、赤字になりにくい経営体質を身に付けていることが読みとれます。

3 変化分析による説明

　現状分析では順調な推移を示した月次データでしたが、変化分析では、課題も生じてきています。

　営業利益の前年同月比較をしてみましょう。

　　　今年の9月の営業利益　16百万円
　　　前年の9月の営業利益　30百万円

14百万円の大幅な減少です。その原因を前年同月比較によって探ってみましょう。

　販売費及び一般管理費は2百万円増加しており、営業利益に対して減益要因になっていますが、もっと大きな減益要因は販売費及び一般管理費の増加ではなく、他にあります。

　売上総利益の減少です。

　営業利益の減少は、売上総利益が12百万円減少したことによって生じていることがわかります。

　以上のように、変化分析によって、利益の源泉となる売上総利益の減少という課題が見えてきました。現状分析では甲社にとって黒字を継続させる高水準な売上総利益を確保できていることが強みであった一方で、変化分析からは、その売上総利益の減少という問題が生じ始めていることが明らかになっています。

　現状分析だけでなく変化分析も行わなければならない理由がここにあります。強みが課題に転じるときは、対応が遅れがちになることから企業経営でもっとも注意しなければならない瞬間です。

　ただし、課題の指摘だけでは月次決算の十分な分析と説明とはいえません。

　必要なのは課題の解決に必要な情報の提供です。

　「何のための決算説明なのか」ということを考えれば当然といえるでしょう。

第3章　月次決算で説明すべきポイントと説明ノウハウ　　21

甲社の変化分析

前年同月比較

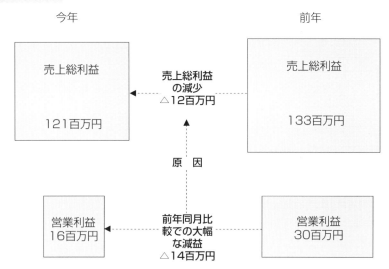

変化分析からは利益の源泉となる売上総利益の減少という課題が明らかになっている

さて、売上総利益が減少したのはなぜでしょうか。

売上総利益が発生するプロセスを分析します。「売上総利益＝売上高－売上原価」であり、対前年同月との比較において、売上原価にはほとんど変化がありませんが、売上高が大きく減少しており、売上高の減少が売上総利益の減少になっていることが分かります。

　今年の9月　　売上高183百万円　　売上原価　61百万円
　前年の9月　　売上高194百万円　　売上原価　61百万円

さらに分析を続けます。売上高の減少は数量の減少によるものか、販売商品の単価の値下がりによるものかを検証します。営業部門の詳細な売上データで正確な分析ができますが、営業部門のデータに頼らなくても、概要は月次決算データからも読み取ることができそうです。

結論は、販売商品の単価の値下がりによるものであると考えられます。

すなわち、対前年同月比較から、売上原価の金額の減少がない一方で、売上高が大きく減少していることが分かります。したがって、売上原価を構成するコストの値上がりがない以上、数量は前期とほとんど変化がないことになります。

売上高の減少には、販売商品の単価の値下がりが生じていることが背景にあるようです。これが売上総利益、そして営業利益の減少につながっています。

ここで月次決算報告会は、どうすれば販売商品の単価の値上がりを避けて売上維持が可能となるかを議論する場にもなっていきます。

月次決算データには、経営に関するほとんどの情報が集まってきています。その情報は具体的な数字によって表されているものであり、もっとも重要な企業経営情報といえるでしょう。

月次決算報告会はすべての経営情報を検証する場であり、原則として企業のすべての経営幹部が参加すべきです。さらに、このもっとも重要な企業経営情報をすべての経営幹部は理解できなければなりません。

第3章 月次決算で説明すべきポイントと説明ノウハウ　23

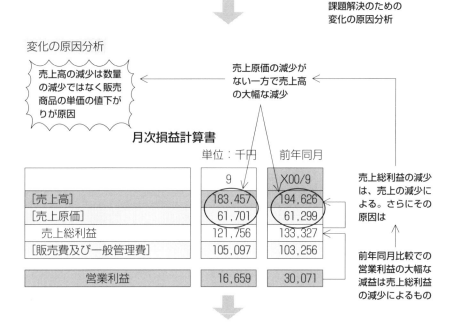

4 記憶に残る数字の読み方

　月次決算報告で会計データを説明する場合の数字の読み方には注意が必要です。説明を受ける相手が数字をできる限りイメージしやすいような工夫が必要です。

　その工夫とは、"最後の一桁までは読まない"ということです。

　実はここまでの数字も、この点に注意して基本的に上位3桁の数字までを使って説明してきました。上位3桁にこだわる必要はありませんが、上位2桁から4桁の間の数字を使って説明するのが良いでしょう。

　たとえば甲社の売上高を説明する際には、「9月の売上高は183百万円（1億8千3百万円）」と読みます。これを最後の一桁まで読むと「9月の売上高は183,457千円（1億8千3百4拾5万7千円）」となります。最後の一桁まで読む方がより正確ではありますが、細かくなって数字の感覚がとらえにくくなります。

　数字にもアクセントがある方が、記憶に残りやすいものです。

　さらに、読み飛ばす部分、たとえば上位3桁まで読むならば、上位4桁目は四捨五入せずに切捨てして見たままの数字として読みます。四捨五入をしてはいけないとまではいえませんが、説明する立場でも説明を受ける立場でも、四捨五入という調整をせずに、見たままの数字として読む方がすんなりと抵抗なく数字が頭に入ってきます。

　たとえば売上総利益の対前年同月比較をする際には、「9月の売上総利益は121百万円（1億2千1百万円）、前年同月は133百万円（1億3千3百万円）」と読んでいます。これを四捨五入して読むと「9月の売上総利益は122百万円（1億2千2百万円）、前年同月は133百万円（1億3千3百万円）」となります。このように2つの数字を連続して読むときには、見たままの数字として読む方がスムーズに数字が頭に入ってきます。

数字の読み方には配慮を

1. 最後の一桁までの数字を読まない

月次損益計算書

単位：千円　前年同月

	9	X00/9
[売上高]	183,457	194,626
[売上原価]	61,701	61,299
売上総利益	121,756	133,327

どちらの数字が記憶に残りやすいか

9月の売上高183,457千円

「9月の売上高は183百万円」　　「9月の売上高は183,457千円」

（1億8千3百万円）　　　　　　（1億8千3百4拾5万7千円）

上位三桁まで　　　　　　　　　最後の一桁まで

2．四捨五入せずにそのまま読む

月次損益計算書

	単位：千円	前年同月
	9	X00/9
[売上高]	183,457	194,626
[売上原価]	61,701	61,299
売上総利益	121,756	133,327

どちらの数字がスムーズに読め、伝わるか

売上総利益の対前年同月比較121,756千円（今年の9月）133,327千円（前年の9月）

四捨五入しない	四捨五入する
「9月の売上総利益は121百万円」	「9月の売上総利益は122百万円」
（1億2千1百万円）	（1億2千2百万円）
「前年同月は133百万円」	「前年同月は133百万円」
（1億3千3百万円）	（1億3千3百万円）

5 経営者を補佐する経営管理部門と会計事務所の役割

1 経営管理部門の役割

　米国では財務最高責任者のことを CFO（Chief Financial Officer）と呼び、経理部長のことをコントローラー（Controller）と呼びます。CFO やコントローラーへの経営者の期待はきわめて高く、経理・財務部門は全社における経営管理の最大の情報受信あるいは発信部門として巨大な権限と職責を有しています。日本においても、経理・財務、経営企画部門の企業内での戦略的な位置づけは、今後高まることはあっても低くなることはないでしょう。同時に、経営者の期待に応えられるように、経営リスクの評価のための知識や経験の積み上げ、他部門との折衝・調整能力がこれら経営管理部門には必須とされます。

　設備投資・事業投資の採算評価、経営計画や予算管理、資本政策など、会社の将来を決めるような重要な意思決定に際しては、経営管理部門の分析力や提案力に大きな期待がかかります。

　経営が悪化した後に、復活した企業と経営破綻した企業とでは、経営者と経理・財務部門とが危機の共有と迅速な改善意思決定及びその実行ができたかどうかに大きな差があったと考えられます。

　収益とともにリスクをコントロールする唯一の部門が大きなリスクや危機の発現に対するアカウンタビリティ（具体的に分かりやすく説明する責任）を実践しない状況では、企業の存続も危ういものです。

2 会計事務所の役割

　会計事務所に対する経営者の期待は会社の成長に連れて大きくなります。「もっとも頼りにしている外部の組織」に会計事務所の名前を挙げる経営者は多いでしょう。中小企業にとっての相談相手は取引銀行と顧問税理士事務

所(会計事務所)の担当者です。とくに会計事務所は中小企業の会計業務にもっとも身近に接している存在として、会計・税務業務の支援や業務代行のみならず、経営改善への指導力や提案力も期待されています。

会計事務所にも、企業の財務・経理部門と同じようにアカウンタビリティを遂行することが期待されます。会計事務所にとっての財産は「顧問先」と「所長も含めた人材」であるということを認識することが「いま何をすべきか」への答えとなります。

企業も会計事務所も成長の推進力は同じです。

人の成長意欲と成長の努力が、組織の成長の推進力となります。上に立つ人ほど、成長の推進力になりえます。そしてそのもとで働く部下の人々は、上司の努力や工夫を学び、将来の強い成長の推進力を生み出すでしょう。

トップと幹部から能力を高める努力をすること、これが組織成長の伝達順序です。

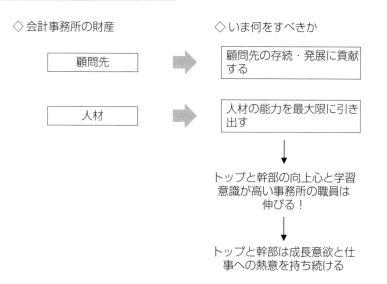

6 問題解析力とプレゼンテーション力はどうすれば高まるか

1 問題解析力

　ここでいう問題解析力とは、経営分析で問題点を明らかにし、その問題点の解決策を導き出す力を意味します。

　経営分析でもっとも重要なのは着眼力です。どの数字に収益力や財務の安全性に関する現状と変化の兆しが現れているかを見抜くこと、これが問題解析力を高める最重要テーマとなります。**経営分析は着眼力が命**といっても良いでしょう。貸借対照表、損益計算書、キャッシュフロー計算書のすべての数値からどの数字の現状と変化に着目するか、これが分からないと経営分析の説明力は強まりません。

　経営分析が基礎力とすると、次に必要とされる力は、経営分析の結果を経営に活かすための応用力です。月次決算の説明の成否は、的確な解決策を示すことが出来るかどうかにかかっています。経営分析が出来ていても、解決策のない説明では、内装仕上げの終わっていないモデルルームでマンションの販売案内をするようなものです。これでは相手に意思決定の材料を示しているとは言えません。

　問題解析の基礎力として経営分析に必要な着眼力と、応用力としての解決策を導き出す力は、日常における業務経験と継続的な学習によって確実に身についていきます。

　とくに次頁のような点を強く意識して業務経験と学習を積み重ねると、問題解析力は確実に身につき、強化されるでしょう。

問題解析力を確実に身につけ、強化するために

Point

1. **より多くのケースにあたる**

    ニュースや新聞・雑誌、身近な決算事例を、問題意識を持って観察し、分析する。

2. **学習意欲を高め、維持する**

    自己学習や研修会への参加、チームで事例研究などを行う（楽しく続けることが重要！）。

3. **図表を作り、考えをまとめる**

    課題を明らかにし、解決策をまとめるために自分でエクセルやパワーポイントなどで図表を作ってみる（トライ＆エラーで能力は大きく向上する）。

4. **伝える情報とその順番を整理する**

    常に全体像（要約）を示してから細部の説明となるように、伝える情報とその順序を考える。情報は多くなるほど、重要なポイントが見えなくなり、伝えにくくなる。

▌2▐　プレゼンテーション力

　月次決算の説明の準備が整った後は、これを伝える作業が待っています。
　人前で発表（プレゼンテーション）するのはどんな人でも緊張するものです。最初からまったく緊張しない人などいないでしょう。
　ただ、人前で堂々と自信を持って話して、緊張などまったくしていないように見える人を多く見かけるのも事実です。どうすれば人前で堂々と自信を持って話ができるようになるのでしょうか。
　以下に、プレゼンテーション力を身につける上で気をつけてほしいことをまとめてみます。

①　プレゼンテーション力はどんな人でも確実に身につけることができるということ

　家族や友人に自分の思いを伝えることができる人は、プレゼンテーション力はすでに身についています。コミュニケーションの基本は１対１です。１対１で話ができる人であれば、１対10でも１対100でも話ができます。大勢の前で緊張するのは家族や友人と話す時のリラックスした"いつもの自分"とは違っているからです。これは話し方のコツを身につけることと慣れによって解消できます。

②　緊張をなくそうと思わないこと

　「どうすれば緊張をなくすことができるでしょうか」という疑問は、人前で上手に話ができるようになりたいと思う人であれば、誰もが抱いていることでしょう。
　しかし、これは解決策としてはポイントがずれています。
　緊張がなくなることはありません。生理現象だからです。緊張するのは当然であり、自分だけでなく誰でも同じだと考えましょう。
　緊張は消すものではなく、消えていくものです。

誰でも最初は緊張していたものの、慣れによっていつもの自分どおりに話せるようになります。

緊張をなくそうとするのではなく、慣れることを考えましょう。

たとえば、同じようにプレゼンテーション力を高めたいという仲間同士（3人以上、できるだけ大勢が理想）で週に1～2回集まって、参加者全員が順番に3分間スピーチをやってみるのも良いでしょう。

その際に大事なことが1つあります。必ず聞き手のうち1～2人の**"笑顔の頷きさん"**役を決めておくことです。そうすると、人前に立つことの恐怖が消えていきます。少し慣れてきたら、"否定的な難しい顔をした人"役も1人決めましょう。はじめは気になるかもしれませんが、自分のペースで話せるようになっていくはずです。

③ 分かりやすく丁寧に伝えること

プロ並みに上手に伝えるプレゼンテーション力を身につけるには、特別なトレーニングが必要です。しかし、決算説明に必要なプレゼンテーション力は、分かりやすく伝えることです。

伝える内容が書面や頭の中でまとめられたら、その内容を伝えるべき相手にプレゼント（伝授）します。プレゼントの仕方がプレゼンテーションです。

立て板に水のごとく上手に話すよりも、真心を込めて丁寧に話す方が相手に真意が伝わるものです。

④ 話す内容に自信が持てるように問題解析力を高めておくこと

月次決算説明の内容に自信が持てるぐらいまで問題解析力を高めておくことがプレゼンテーションの自信につながります。話す内容に自信が持てないと、当日のプレゼンテーションでも説得力がなくなってしまいます。

第4章

月次決算と年度決算の見方の違い

月次決算は変化の兆し、
年度決算は変化の方向・持続性を読む

1 月次決算に求められる正確性のレベル

　月次決算の情報が経営に活用されるためには、月次決算の正確性と迅速性が確保されていなければなりません。完全な正確性を求めれば、決算の完成は遅くなります。月次決算であっても正確性は当然に求められますが、年度決算の正確性とは必ずしも同じではありません。年度決算の目的は、外部利害関係者への会計報告にあり、納税や株主への配当などに利用される最高レベルの正確性が要求されます。一方で月次決算の目的は、会社の利益の維持・成長、財政の安定・強化に必要な正しい情報をいち早く経営者に提供し、望ましい経営施策を促すことにあり、正確性は、"経営者に望ましい経営施策を促すこと"ができるレベルのものと考えられます。

　たとえば、10月の月次決算が、年度決算と同様の手続が行われて正確であるとしても、11月末に報告されるようでは、利用価値は大幅に下がります。そこまでの正確性は必要ではありません。10月の月次決算は、遅くとも11月の5営業日目までに報告可能になるように迅速性を重視すべきでしょう。

　年度決算レベルでの正確性ではなく、経営情報として充分に利用可能となるレベルの正確性を求めることが月次決算の作成・報告で意識すべき重要ポイントです。

　正確性と迅速性はともに求められますが、経営面での意思決定の遅れを防ぐことに重点が置かれると考えて良いでしょう。

月次決算に求められる正確性と重要ポイント

目的　　　　　　　　　求められる正確性

年度決算

| 株主、債権者、取引先、国、従業員や地域住民などの利害関係者に決算書の作成を通じて会社の経営情報を提供すること 最終の決算であり、変更や訂正が予定されていない、最高レベルの正確性 |

月次決算

| 会社の利益の維持・成長、財政の安定・強化に必要な正しい情報をいち早く経営者に提供し、望ましい経営施策を促すこと 年度決算レベルでの正確性ではなく、経営情報として充分に利用可能となるレベルの正確性 |

月次決算で強く意識すべきポイント

正確性と迅速性がともに求められるが、経営面での意思決定の遅れを防ぐことに重点を置く

2 年度決算との比較で見る月次決算の読み方

　企業の商取引の計算期間は、基本的に1ヶ月を単位として行われています。各月の締めに対応させて、支払日が決定されており、資金管理も損益管理も1ヶ月単位、すなわち月次が基本となっています。

　経営実態の変化は、商取引の変化として月次決算に表れてきます。年度決算は変化が累積されて明らかになりますが、経営対応に必要なデータとしては古すぎることが多いでしょう。

　T自動車における年間決算と四半期決算（ともに個別決算）を比較して、変化を読み取る情報力の違いを見てみましょう。

　右頁の損益計算書は2012年3月期から2015年3月期までの4期分の年度決算です。

　年度決算では2012年3月期から2013年3月期にかけて売上高が増え営業利益をはじめとした各種利益が大きく回復している様子が分かります。

　2013年度末時点において経営環境に変化がないとして2014年について利益回復が継続できるかどうか、未来の状況は読めません。

　ところが四半期決算データを見ると、高い確率で利益回復が継続できるそうであることが読めてきます。

　売上高と営業利益に注目してみましょう。2012年3月期の第4四半期と2013年3月期の第4四半期の売上高は2兆6千億円とほぼ同じです。一方で同時期の営業利益は2012年が194億円の赤字、2013年が2,206億円の黒字となっています。為替や市場動向、生産効率の向上によるコストダウンなど内外の経営環境の改善の様子が営業利益の四半期データから読み取れます。その後の売上高の大幅な増加が見込めなくても、2014年3月期以降の四半期で少なくとも1千億円以上の営業利益が期待できたでしょう。月次決算では四半期決算よりもさらに早く経営環境と業績の変化、そしてその大きさが読み取れます。

第 4 章　月次決算と年度決算の見方の違い　37

経営環境と業績変化の読み方

損益計算書　2012年3月期～2015年3月期

(単位：億円)

科目	2012年3月期 (2011/4～2012/3)	2013年3月期 (2012/4～2013/3)	2014年3月期 (2013/4～2014/3)	2015年3月期 (2014/4～2015/3)
売上高	82,411	97,559	110,421	112,094
営業利益	△4,398	2,421	12,690	12,706
経常利益	230	8,561	18,384	21,251
当期純利益	358	6,977	14,168	16,906

年度決算のみでは変化への対応が遅れる

売上高四半期推移

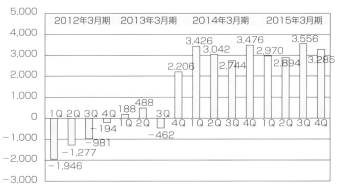

営業利益四半期推移

3 年度決算ではトレンドを読む

　業績の改善、あるいは悪化の動きは1年以上にわたって継続する傾向があります。月次決算では変化の兆しと持続性をとらえますが、年度決算からは、経営施策が期待どおりの成果を上げているかどうかを見ることができます。

　たとえば、右頁の乙社は過去からの成長企業です。
　現時点においても成長が持続しているといえるか、過去5年間の決算データから検証してみましょう。
　ここで問題なのは、何を基準に「成長している」と判断するかです。どの数字を見れば、成長が持続しているかどうかの判断ができるのでしょうか。

　まずは経営成果を表す利益の増加が成長判断のもっとも重要な要素と考えられるでしょう。
　次に、利益を生み出す元になる売上高の推移も成長判断に欠かせません。売上高の成長がなくてもコストダウンによって短期的に利益の改善はできますが、売上高の成長なくして、持続的な利益成長を実現することはできないからです。
　さて、売上（商売）には元手が必要です。商品を仕入れたり、製品を製造する設備を購入したりするための資金です。企業は資金を集め、収益を上げるための資産をそろえます。この元手の総額を示すのが貸借対照表の総額です。総資産の成長も成長判断の要素になります。売上高の増加は、商品の種類や数量の増加、設備の増強などによって継続されています。

　総資産、売上高、営業利益、これらが成長判断の3要素です。
　3要素がそろって成長していれば、その企業は成長しているといえるでしょう。

経営環境と業績変化の読み方

貸借対照表

(単位：千円)

	X01	X02	X03	X04	X05
流動資産					
現預金	93,354	124,550	112,738	99,771	95,776
受取手形・売掛金	66,480	91,946	120,300	121,586	145,804
棚卸資産	37,498	45,486	55,810	67,546	65,168
その他	27,294	31,426	32,762	35,112	36,328
流動資産計	224,626	293,408	321,610	324,015	343,076
有形固定資産計	41,994	66,646	95,006	114,366	132,020
無形固定資産	1,774	2,064	2,596	2,596	2,596
投資等	38,492	71,698	102,054	142,956	225,926
固定資産計	82,260	140,408	199,656	259,918	360,542
総資産	306,886	433,816	521,266	583,933	703,618

負債及び純資産の部	X01	X02	X03	X04	X05
流動負債					
買掛金・支払手形	65,532	83,430	83,372	87,526	93,854
短期（1年以内長期）借入金	2,396	1,728	2,336	23,752	39,632
その他	35,326	36,498	37,620	36,641	37,274
流動負債計	103,254	121,656	123,328	147,919	170,760
固定負債					
長期借入金	47,754	132,356	165,138	160,666	232,498
その他の固定負債	2,112	2,010	2,974	3,076	3,918
固定負債計	49,866	134,366	168,112	163,742	236,416
純資産	153,766	177,794	229,826	272,272	296,442
負債・純資産合計	306,886	433,816	521,266	583,933	703,618

損益計算書（抜粋）

(単位：千円)

	X01	X02	X03	X04	X05
売上高	213,160	426,634	693,874	708,064	666,644
営業利益	31,172	70,356	112,290	82,636	55,858
税引前利益	32,952	58,764	104,192	84,286	53,970
法人税等	16,464	30,736	48,160	37,840	25,800
当期純利益	16,488	28,028	56,032	46,446	28,170

- ✓ 総資産はX05期まで成長
- ✓ 売上高はX04期まで成長（X05期に減少）
- ✓ 営業利益はX03期まで成長（X04期、X05期と連続して減少）

成長しているといえるのはX03期まで

第5章

損益計算書からの説明ポイント

それぞれの利益の特徴を理解して
すべての利益に説明ポイントを置く

1　損益計算書の仕組み

１　損益計算書の特徴は引き算であること

　損益計算書には最終利益である当期純利益の前に、売上総利益、営業利益、経常利益などの各種利益が表示されています。

　損益計算書は売上高が最初に記載され、その後は基本的には引き算で表されます。

　まず、売上に必要な商品・製品の原価である売上原価を最初に引き、最初の利益を算出します。

　売上総利益です。

　商品・製品は工場や倉庫に置いたままでは売れません。営業や管理部門の従業員の人件費、広告宣伝費、輸送費、事務管理費など事業を行うために必要な費用が発生します。これらを差し引いて**営業利益**を算出します。

　さらに、営業活動以外に毎年発生する損益を加減算して**経常利益**を算出します。営業に関係がなく毎期発生する損益の主なものとしては、預金の受取利息や株式の配当金、借入金の支払利息などがあります。

　経常利益は通称"ケイツネ"ともいいます。

　経常利益に臨時・特別な損益である特別損益、そして税金費用を加減算して最終的に**当期純利益**が算出されます。

第5章 損益計算書からの説明ポイント

損益計算書の4つの利益

損益計算書

(単位:千円)

科目	X01年度 (X01年/4- X02年/3)	X02年度 (X02年/4- X03年/3)	
売上高	2,220,934	2,138,428	
売上原価	1,173,890	1,092,722	
売上総利益	1,047,044	1,045,706	商品や製品原価など売上に個別対応するコストを差し引いた、最初に算出される利益
販売費及び一般管理費	50,020	78,156	
営業利益	997,024	967,550	会社本来の営業活動から得られた本業利益
営業外収益	108,048	117,180	
営業外費用	745,080	667,272	
経常利益	359,992	417,458	本業利益に毎期発生する会社の経常的な損益を加えた利益
特別利益	50,008	103,628	
特別損失	261,811	239,307	
税引前当期純利益	148,189	281,779	
法人税、住民税及び事業税	25,010	28,448	
法人税等調整額	6,251	7,750	
当期純利益	116,928	245,581	一会計期間のすべての損益を集計した最終利益

2　どの利益に重点を置いて説明するか

「次の各種利益のうち、もっとも重要な利益は何でしょうか。」
「売上総利益、営業利益、経常利益、当期純利益でもっとも重視すべき利益を選んでみてください。」

　研修会の損益計算書の説明の場面で、私は受講者の方々に必ずこの質問を投げかけます。
　実はこの質問はとても重要な意味をもっているのです。
　決算説明の際にもその利益を強調しているはずだからです。
　多くの方が、営業利益と経常利益に集中し、売上総利益や当期純利益がもっとも重要とする方はあまりいません。

　もっとも重要な利益に営業利益や経常利益を選択されたことは正しい判断です。営業利益で本質的な利益を作り出す力が見えますし、またその本質的な利益を生み出すために借入金も利用しているのであれば、その利息も差し引いた経常利益を見るのが本筋でしょう。
　ただし、会計での正しい答えが必ずしも企業経営での正解となるわけではありません。
　損益計算書の利益の見方が正しいにもかかわらず、結果として赤字決算が生じてしまうことがあります。
　会計の答えが企業経営に活かされていない、あるいはどこかに利益の抜け道がある可能性があるためです。

「もっとも重要な利益は何でしょうか。」
　決算説明の際に、その場に集まったメンバーに問いかけてみてください。
　この質問への参加者の答えで、理想的な決算説明ができているかどうかが分かります。

もっとも大事な利益とは

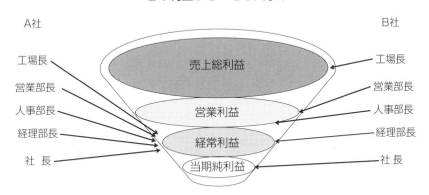

全員の意見が経常利益に集中するA社より、すべての利益に注意の目が向くB社の方が望ましい。

　この質問の意義は、どの利益を選んだかということより、メンバーの選択した利益が1つに集中していないかどうかを確認することにあります。理想は"すべての利益に少なくとも1人以上は手を挙げている"状態です。決算説明の参加メンバーの答えがこの理想的な状態であれば、素晴らしい決算説明ができていることを示しています。

　そもそも損益計算書に各種利益が表示されるのは、それぞれに意味があるからであり、業績の見方が1つではなく業務の内容やポジションによって異なるのは当然です。
　経常利益は確かに重要な利益ですが、全員が経常利益にばかり注目していると、売上総利益や営業利益、当期純利益が発する重要な経営メッセージを見落とすおそれもあります。

3 各種利益の特徴

ここで各種利益の特徴を確認してみましょう。

売上総利益

売上総利益は最初に算出される利益で、金額はもっとも大きく、他の利益が売上総利益を上回ることはありません。損益計算書の特徴は引き算ですから、ここでしっかりと稼いでいないと、後に続く費用を賄えません。すなわち、経費削減として販売費や一般管理費を減らしても、売上総利益が増えないと、営業利益も経常利益も増やすことは難しくなるのです。後に続く営業利益等、すべての利益は売上総利益を引き継いでいます。売上総利益は利益の源泉であり、すべての利益の牽引役といえます。売上総利益の後でも、預金の受取利息や株式の配当などの営業外収益が加わることはありますが、**利益の本流は売上総利益が拓きます**。

ただし、売上総利益は売上に直接必要な原価のみを差し引いた利益であり、いわば未完成で粗削りな利益です。売上という文字が残っている未完成の利益で、まだ削り足りない利益として"粗利益"と呼ばれています。

営業利益

営業利益は利益の中核に位置づけられているといえるでしょう。売上総利益が未完成な利益とすると、営業利益は売上に必要なコストを差し引いた、本業成果として完成した利益です。

営業利益は、売上総利益から引き継いだ利益をできる限り多く残せるように、販売費用や一般管理費用を効率的に使った結果の利益です。営業利益は営業活動からの本質的な利益であり、**企業の純粋な、営業活動以外の混じりモノのない本業の収益力を示します**。複数の事業部がある企業では、それぞれの事業本来の収益を見るため、事業部別に営業利益を管理することが大切です。

経常利益

　営業利益が営業活動以外の混じりモノのない純粋な本業の収益力を示しているのに対して、経常利益は本業利益に財務関連の収入と費用を加減算した利益として、**事業の総合的な収益力を示す利益です。**

　企業は本業利益だけではなく、本業以外の財務運用からの収益（受取利息、配当金等）を得ることができる一方で、銀行から借金をすればその利息（支払利息）は費用として毎期発生しています。これら営業外の収入と費用を本業利益に加えることで経営活動全体の総合的な収益力を見ることができます。

当期純利益

　当期純利益は、経常利益に臨時損益や過年度損益の修正、巨額損失など非経常的な損益、そして税金費用までを加減算した最終成果です。

　当期純利益は経常利益の計算に入らなかった臨時、特別な損益などすべての利益を加え、税金費用を差し引いて計算される利益として、**経営活動を総括する最終的な利益です。**

- ✓ 粗削りながら利益の本流を拓く「売上総利益」
- ✓ 本業の収益力を混じりモノなしに純粋に示す「営業利益」
- ✓ 事業の総合的な収益力を示す「経常利益」
- ✓ 経営活動を総括する「当期純利益」

　　　　すべての利益の重要性を理解する
　　　手薄になったところから利益は流失していく

第6章

利益を守り、増やすための
コンサルティング説明

利益が生まれる仕組みを理解して
提案型の決算説明を行う

1　利益が生まれる仕組み

　利益管理の重要ポイントは変化をとらえることです。設例で考えてみましょう。

　先月のジュピター販売の月次損益計算書は右頁のとおりです。売上高は800万円、費用合計は900万円で利益は100万円のマイナスとなりました。

　この赤字をなくすために社内で検討した結果、以下の2つの案が出ました。なお、本年度の人件費と賃借料は、現時点においては売上高に連動せず、固定的に発生する費用とします。

① 顧客を増やして売上高を100万円増やす。
② アルバイトの人数を減らし、人件費を100万円減らす。

　この2つは結果が異なります。②の方法であれば赤字が消滅しますが、①の方法では売上に対する原価率が50%として、50万円の赤字が残ります。

　①の方法で赤字が残るのは、売上を増やせば、そのための販売商品の仕入が増える（追加コストの発生がある）からです。

　ジュピター販売の売上に対する原価率が、前月の売上高と仕入高（＝売上原価とする）の比率と同じ50%（400万円／800万円）とすると、売上が100万円増えても仕入が新たに50万円増えるため、増える利益は50万円にとどまります。これでは100万円の赤字は解消できません。

赤字を解消するための2つの方法の比較

先月のジュピター販売の月次損益計算書

	金　額
売　上　高	800万円
仕　入　高	−400
人　件　費	−300
賃　借　料	−200
利　　　益	−100万円

100万円の赤字

（2つの赤字解消案）

① 売上を100万円増やす　　② 人件費を100万円減らす

50万円の赤字が残る（※1）　　赤字解消！（※2）

※1　原価率（売上高に対する仕入高の比率）が50%とすると、売上を100万円増やすと仕入は50万円増え、結果的に利益は50万円しか増えません。したがって100万円の赤字を解消できず、50万円の赤字が残ります。

※2　売上や他のコストに影響しない人件費の減少は、直接的にコストを引き下げますので、100万円の人件費の削減によって赤字は解消されます。

1　利益管理のポイントは変化

　売上原価（この設例では「仕入高」）は売上高に連動して発生する費用で、「変動費」といいます。一方、人件費は短期的には売上に連動せず、固定的に発生する費用で、「固定費」といいます。売上高が増えることで追加的に増える利益を限界利益といいます。「限界利益＝売上高－変動費」です。

　右頁の図は追加の売上によって増える費用（変動費）と利益（限界利益）を示したものです。

　この図はとても重要な意味を持っています。売上高を100万円増やすために必要な追加コストは50万円（変動費）のみであり、利益（限界利益）は50万円増えるのです。

　追加の売上高に対する利益率は50％、抜群の利益率です。

　ただし逆に売上高が100万円減ると、利益は50万円減ります。

　損益計算書は、月ごとの売上と費用、そして利益を集計した結果です。それぞれの金額に至ったプロセスは損益計算書では分かりません。

　「赤字を解消する」あるいは「利益をさらに増やす」といった利益管理の視点で月次決算を見るのであれば、変化に注目することが必要です。

　売上が100万円増えるとして、利益を最大限に増やすにはどうすれば良いか、あるいは、売上が減少する中でも利益を減らさない方法はないか、結果ではなく、利益が生まれるプロセスを知ることで、対応策が見えてきます。

　利益管理のポイントは変化を見ることです。月次決算はもっとも早く変化を知らせます。過去数ヶ月の推移からの変化、前年同月との変化、これらは月次決算で必ず明らかにしなければなりません。

　一般的には予算対比の月次決算書類が作成されますが、環境変化の激しいときは、実績同士からの変化はとても重要です。

変動費、固定費と限界利益

| 売上高 100万円 | 限界利益 50万円 (売上高×50%) |
| | 変動費 50万円 (売上高×50%) |

- ✓ 100万円の追加売上があれば利益は50万円増える
- ✓ 100万円の売上減少で利益は50万円減る

⇩

あと一歩という状況下での売上の利益への効果は抜群

不況期には効率性（利益率）よりも金額重視

2　損益分岐点を意識する

1　売上高と固定費・変動費

　先に述べたように、利益管理のポイントは「変化」を見ることにあります。損益計算書からは結果としての売上高や利益を知ることはできますが、変化を見ることはできません。利益を守り、増やすためにどのような対策が必要なのか、利益の変化を管理する方法を考えなければなりません。このような場合には、グラフに表すことによって変化を読み取ることができます。

　ここでは、利益管理の定番である損益分岐点分析を行ってみましょう。

　損益分岐点とは利益も損失も出ない売上高のことであり、その企業にとって損益面での採算点です。

　損益分岐点分析では、費用を固定費と変動費に分解します。変動費は売上高に比例して増減する費用であり、固定費は売上高の変動とは無関係に一定額発生する費用です。

　変動費の例には売上原価、販売手数料、外注費などがあり、固定費の例には人件費、減価償却費、家賃、固定資産税、損害保険料などがあります。

　一般に、小売・卸売業の会社であれば、売上原価は変動費、販売費及び一般管理費のほとんどは固定費と考えられます。製造業の場合は、売上原価（製造費用を含む）の中にも人件費や減価償却費などの固定費が含まれています。

　右頁の図は売上高と固定費（F）、売上高と変動費（V）、そして2つを併せた売上高と固定費（F）・変動費（V）の関係を表しています。

　横軸は売上高の金額、縦軸は費用の金額です。固定費は売上に連動しない費用ですので、横軸に対して平行に描かれています（左上の図）。変動費は売上に連動しますので右上がりの線として描かれています（右上の図）。

図解：売上高と固定費・変動費

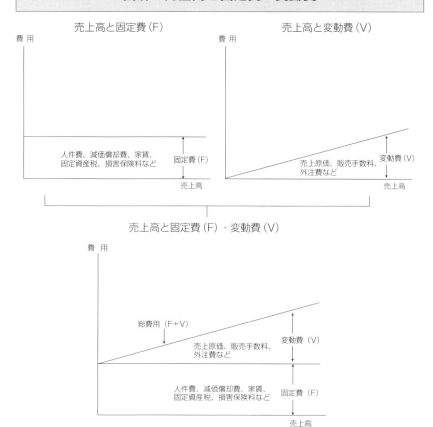

固定費：Fixed Cost　　変動費：Variable Cost

　固定費は売上高がゼロでも発生しますので、売上高がゼロのときの費用は固定費のみとなり、売上高が増えると固定費に変動費が加わり、費用は総費用の線として描かれます。

2　損益分岐点の分析

前頁の図に売上高の線を加えると、右頁の図のようになります。

売上高（S）と総費用（V＋F）の交差する点が損益分岐点です。

損益分岐点では利益も損失も発生せず、損益ゼロとなります。損益分岐点を下回る売上高では損失が発生し、上回れば利益が膨らみます。

3　会社の最大赤字はいくらになるか

利益を増やしたり、損失を減らしたりすることには注意しても、最大赤字がいくらになるかを考える機会はほとんどないでしょう。

しかし、ここに利益管理の重要なポイントがあるのです。

月次損益計算書において売上高がゼロになった場合、このときに最大赤字となります。右頁の損益分岐図表で売上高ゼロのときの損失は、固定費の金額です。

通常は売上高がゼロで終わることはありませんので、固定費の金額での月次の赤字は実際には考えられません。

ただ、どんな会社でも瞬間的には最大赤字を経験しています。

それは月初め（月初）、各月1日です。

実は、月初は固定費の金額による赤字からスタートしているのです。売上高が半分になったからといって、急に給与や家賃を減らすことができないように、決まった額の固定費の赤字から各月の1日は始まります。

もちろん、最大赤字のまま月を終えるわけにはいきません。最大赤字を猛烈なスピードで解消しているのが限界利益です。

限界利益は売上高が1単位増えることによって増加する利益のことであり、限界利益の売上高に対する比率を限界利益率（1－V／S）といいます。

たとえば、売上高100円を増やすのに必要な仕入コストなどの変動費が40円であれば、限界利益は60円となり、限界利益率は60％になります。限界利益率は追加の売上から生み出される利益率です。

もの凄い利益率といえます。

第6章 利益を守り、増やすためのコンサルティング説明

損益分岐図表

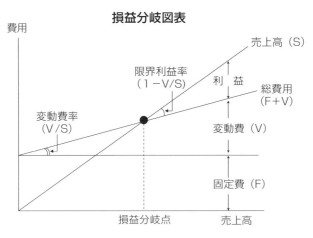

- ✓ 売上高（S）と総費用（F＋V）との交差する点が損益分岐点
- ✓ 損益分岐点は損益ゼロの点
- ✓ 損益分岐点の売上高を超えれば黒字、超えなければ赤字

4 損益分岐点の計算

　月初が固定費によって赤字スタートすると、固定費の多いビジネスはできる限り多くの限界利益を集めなければなりません。そのためには売上高に対してより多くの限界利益を生み出すこと、すなわち限界利益率（限界利益／売上高）を高めることが必要になります。

　この限界利益率が高いビジネスの代表例の1つに会計事務所があります。会計事務所のコストといえば、人件費や家賃、減価償却費など、ほとんどが固定費で、追加売上に必要な変動費はほとんどありません。「追加売上＝追加利益」といっても過言ではない業種です。顧客を大事にするのは当然といえます。

　会計事務所に限らず、サービス業は固定費のウエイトが高く、景気変動の影響を受けやすい業種といえます。一定の固定費のもとで景気が良くなると、前述のように「追加売上＝追加利益」となる傾向があります。一方、景気が悪化すると限界利益が減少傾向にある中で、固定費の重みによって利益が減少しやすい傾向があります。

　損益分岐点は以下の算式により求められます。

$$損益分岐点売上高 = \frac{固定費}{限界利益率}$$

（参考：算式の求め方）
　損益分岐点売上高は「売上高－変動費－固定費＝0」の売上高です。
　変動費を「変動費率×売上高」に置き換えて、固定費を右辺に振り替えてみると、「売上高－変動費率×売上高＝固定費」となり、売上高で左辺を整理すると「売上高（1－変動費率）＝固定費」となります。そして売上高を求める算式にすると、（損益分岐点）売上高＝固定費／（1－変動費率）となります。
　（1－変動費率）＝限界利益率であるので、（損益分岐点）売上高＝固定費／限界利益率となります。

ジュピター販売の損益分岐点の計算

(1) 変動費と固定費に分類して金額を集計

ジュピター販売（株）

損益計算書

	金　額
売　上　高	800万円
仕　入　高	－400
人　件　費	－300
賃　借　料	－200
利　　　益	－100万円

変動費＝仕　入　高　　　　変動費率＝400万円／800万円
　　　＝400万円　　　　　　　　　　＝0.5
固定費＝人 件 費＋賃 貸 料　限界利益率＝1－変動費率（0.5）
　　　＝300万円＋200万円　　　　　＝0.5
　　　＝500万円

(2) 計算式に金額を入れる

$$損益分岐点売上高 = \frac{固定費}{限界利益率} = \frac{500万円}{0.5} = 1,000万円$$

　売上高を増やして赤字を解消するには、売上高を800万円から1,000万円に200万円増やす必要があります。200万円の追加売上により100万円の限界利益が新たに生まれ、赤字が消えるという仕組みです。

3 「利益が生まれる仕組み」のまとめ

1 利益が生まれる仕組み（その1）
固定費（月初の赤字）VS 限界利益（赤字の吸収剤）

　月初は固定費分の赤字からスタートしていると考えます。主な固定費には人件費や家賃、減価償却費などがあります。これらの固定費が増加するときに留意すべき点は、それを上回る限界利益の増加が期待できるかどうかです。

　固定費を上回る限界利益によって利益は生まれてくるからです。
　右頁の図において、固定費は損益ゼロより下に示されています。その上に重ねて描かれているのが限界利益です。図では限界利益が固定費を上回っているので、利益を計上できているといえます。限界利益が少なく、ゼロより下の固定費を完全にカバーできないと、月初の赤字の未解消部分が残り、月末時点で赤字となります。
　限界利益は売上高から変動費を差し引いて求められます。当然のことながら、売上高が減少したり、変動費の割合が増え、限界利益が減少したりすれば、固定費を吸収する力は弱まり、利益は生まれにくくなります。

固定費を上回る限界利益が「利益」として残る

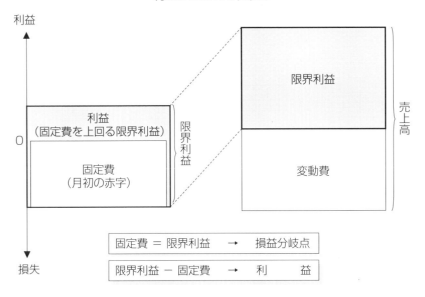

月初の赤字（固定費）を限界利益で解消した点（固定費＝限界利益）が損益分岐点

2 利益が生まれる仕組み（その2）
追加の利益は猛スピードで集まってくる

　月次決算書で計算される利益率は、固定費の回収を終えた後の限界利益と売上高との比率であるため、20％や30％といったように高くなることはまれです。

　たとえば右頁のX01年7月におけるサターン販売の月次決算書を見てみましょう。売上高に対する仕入高（棚卸資産がなく売上原価と同じ）の割合（変動費率）は40％です。人件費と賃借料は固定費とします。売上高は2,000で利益は100計上されています。利益率は5％です。

　翌8月には売上高が500増加しています。注目してほしいのは、追加売上に対する利益率の高さです。500の売上の増加に対して300の利益の増加があり、その増加部分の利益率は60％に達しています。

　このように、追加される利益は追加売上によって猛スピードで集まってきます。月次決算の理解と説明においては、結果としての利益をとらえるだけでなく、あと少しの売上による利益増、すなわち利益の生産現場を意識して、固定費の増加を抑えつつ限界利益を着実に積み上げること、利益の動態的な部分に着目することがとても重要です。

　一方、売上の減少による利益の減少スピードも激しいものがあります。8月から9月にかけては売上高が300減少しており、これによって減少した売上の60％にあたる180の利益の減少となり、利益率は一気に6ポイント（16.0％から10％）も減少しています。

第6章 利益を守り、増やすためのコンサルティング説明　63

限界利益の集まるスピードに注目！

サターン販売（株）8月期
月次損益計算書

			X01年7月	X01年8月	増減額
売 上 高		A	2,000	2,500	500
仕 入 高		A×0.4	−800	−1,000	−200
人 件 費			−800	−800	0
賃 借 料			−300	−300	0
利 益		C	100	400	300
利 益 率		C／A	5.0%	16.0%	60.0%

サターン販売（株）9月期
月次損益計算書

			X01年8月	X01年9月	増減額
売 上 高		A	2,500	2,200	−300
仕 入 高		A×0.4	−1,000	−880	120
人 件 費			−800	−800	0
賃 借 料			−300	−300	0
利 益		C	400	220	−180
利 益 率		C／A	16.0%	10.0%	−60.0%

4 利益を決める3要素

1 利益をタテとヨコの双方向から説明する

　損益計算書での利益は売上高から費用を差し引いて計算します。右頁の損益分岐図表において、今期の売上高が横軸の(X)の位置まで予定されている場合、利益は(X)の位置での売上高から変動費と固定費を差し引いて計算されます。

　利益をタテで見る、これは決算書を作成する会計である財務会計での利益のとらえ方と同じです。

```
(財務会計での利益)
　　　利益＝売上高－費用（固定費＋変動費）
```

　もう1つの利益のとらえ方は、横軸の損益分岐点と今期予定される売上である（X）までのヨコの差額に限界利益率をかける方法です。

　利益をヨコで見る、これが管理会計（利益管理）での利益のとらえ方です。

　管理会計では利益を左右する要素に注目します。

```
(管理会計手法を使った利益)
　　予定利益＝（ 予定売上高 － 損益分岐点売上高 ） × 限界利益率
　　　　　　　　　(A)　　　　　　　(B)　　　　　　　　(C)
```

　利益を左右する要素は3つ、つまり予定売上高（A）、損益分岐点売上高（B）、そして限界利益率（C）です。利益は（A-B）がプラスになってはじめて生み出されます。

　売上がいくら増えても、（A-B）がマイナスになると黒字にはなりません。

第6章 利益を守り、増やすためのコンサルティング説明

管理会計手法で利益を説明する

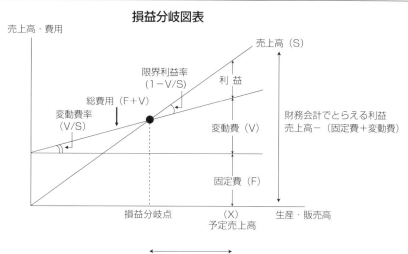

※利益を決める3つの要素
予定利益＝（ 予定売上高 － 損益分岐点売上高 ）× 限界利益率
　　　　　　　　（A）　　　　　　　（B）　　　　　　　（C）

　たとえば、売上を増やすために営業所を増設するとします。売上高（A）が増えることは予定利益にプラスになりますが、増設した営業所の人件費や家賃等の維持管理のための固定費（F）が増えると（損益分岐図表の固定費のバーが上がると）、損益分岐点売上の水準も上がり、予定利益にマイナスとなってしまいます。

　財務会計による決算説明は、利益の結果報告だけになりがちです。一方、管理会計手法を使うと、結果だけでなく原因分析が可能となります。さらに利益の決定要素の変化から将来の利益を予測し、積極的に利益を生み出すための提案も可能となります。管理会計手法を使った利益説明を心がけたいものです。

Q&A① 社長の疑問　固定費の増加と売上の増加

　新規商品の拡販のために営業部員を5人増やせば、月間売上は今より500万円増やすことが出来そうです。

　新規に5人を採用すれば人件費等（人件費と事業所維持管理コスト）の固定費が月間300万円程度増加しますが、増加する売上（500万円）の方が多いので、採用することは利益にプラスになると考えますが、いかがでしょうか。赤字はなんとしても避けたいと思っています。

　なお、当社の先月の月次損益計算書は右頁のとおりで、本件で人件費等以外に増加するコストは僅少ですので無視できます。

回答

　売上が500万円増えるとしても、人件費等のコストの増加をまかなうことは出来ず、利益にプラスとはなりません。それどころか、赤字はさらに拡大するおそれがあります。

説明

　新規商品の拡販という事業チャンスを活かし、黒字の定着を願う社長の気持ちは理解できます。採算が合うなら人員を増やしてもかまわないのですが、採算が合わずに利益を圧迫し、赤字が拡大するような事態は避けなければなりません。

　営業部員5人の採用にともなう人件費等の固定費の増加を上回る限界利益を確保できなければ、利益は減少します。

　会社（トキオ販売）の先月の月次損益計算書が右頁のようであり、売上高に対する原価率（「仕入高＝売上原価」とする）は、今後も先月と同じ70％（＝1,050万円／1,500万円）として考えてみましょう。変動費は仕入のみであり、売上高が500万円増加することで増えるコストは仕入が350万円（＝500万円×70％）、差額の限界利益は150万円となります。

　この限界利益150万円では人件費等の増加300万円を下回ることになり、利益はさらに150万円減少し、赤字幅が拡大するおそれがあります。

第6章 利益を守り、増やすためのコンサルティング説明

> **利益の増加＝売上高の増加による限界利益－固定費の増加**

先月の月次損益計算書

トキオ販売（株）

月次損益計算書

（単位：万円）

	金　額
売　上　高	1,500
仕　入　高	－1,050
人　件　費　等	－500
利　　　益	－50

社長の疑問

　人件費等の固定費が300万円増加しても売上高が500万円増加すれば利益は増えるのでしょうか。

　　500万円－300万円＝200万円　→　利益増と考えて良いか

社長の見落とし

　売上高が500万円増加するのに追加コストが必要とされる点

回答

　売上高の500万円の増加で増える利益（限界利益）は150万円です。

　つまり、人件費等の増加が150万円以内でないと、利益は減少します。

　固定費の増加は月初の赤字の増加を意味する

　固定費の増加を解消するのは売上高ではなく限界利益！

> **Q&A②　社長の疑問**　固定費の増加と限界利益の増加

　人件費等の固定費の増加は売上高の増加ではなく、限界利益の増加でまかなうことは理解できました。
　そこで質問です。
　当社の限界利益率が30％として、売上高が500万円増えるのであれば、人件費等の固定費の増加を150万円以内に抑えれば必ず利益はプラスになると考えて良いですか。

● 回 答 ●

　必ず利益がプラスになるとは言えません。プラスになる可能性があることは事実ですが、利益がマイナスとなるリスクにも十分に留意した上で決定してください。
　赤字の現実を考慮すれば、新規に5人採用するのではなく、2人程度の採用で1年間様子をみるのも良いと思われます。その結果を見て、さらなる採用を考えてみてはいかがでしょうか。

● 説 明 ●

　赤字から脱する際に注意してほしいことは、売上を増やすためであっても新たな固定費の発生をともなうものはできる限り避けるということです。今回の件についても、売上高が500万円増えるのであれば、人件費等の増加が150万円以内ならば、計算上は利益はプラスになります。しかし、計算どおりにならないケースも考えておく必要があります。
　計算どおりにならないケースとは、たとえば以下の2点です。
　①　次期に予定どおり500万円の売上高が増加するとは限らないこと
　②　次期に500万円以上の売上高の増加があっても、その後も続くとは限らないこと
　人件費等の150万円は確実に増える一方で、売上増は確実とはいえないのです。

計算どおりにならないリスク

社長の計算

トキオ販売（株）

月次損益計算書

（単位：万円）

	1月	2月	3月	4月
売 上 高	1,500	2,000	2,000	2,000
仕 入 高	−1,050	−1,400	−1,400	−1,400
人 件 費	−500	−600	−600	−600
利　　　益	−50	0	0	0

計算どおりにならない場合も

トキオ販売（株）

月次損益計算書

（単位：万円）

	1月	2月	3月	4月
売 上 高	1,500	1,600	1,600	1,500
仕 入 高	−1,050	−1,120	−1,120	−1,050
人 件 費	−500	−600	−600	−600
利　　　益	−50	−120	−120	−150

5 利益減少の要因は好調時に形成される

1 増益の要因が外部環境の好転にあるときは要注意

　景況感が悪化してくると、利益は出にくくなるものです。反対に、景気が好調で消費も盛り上がっている時期には注意が必要です。

　増益になったとしても、効果的な経営ができたからか、経営の環境が良かったからか、あるいは双方の要因が含まれているからだと考えられます。

　経営環境が良くない時期に良い経営成果を出せれば経営が良かったと言えますが、環境が大きな味方になって増益になることも多いからです。

　経営成果を見たり説明したりするときには、結果だけでなく、その要因についても注意することが必要です。

　右頁の損益計算書を使って、どのような点に注意すべきか具体的に考えてみましょう。

　売上高は2年連続で10％程度増加しています。

　一方、利益を見ると売上総利益は増加しているものの、営業利益はX02年3月期において、前期に比べて大幅に減少しています。

　なぜ営業利益が減少したのか、その要因を以下の文章を完成（カッコ内のどちらかを選択）することで考えてみましょう。

① 売上原価のように売上高に連動する費用は（変動費・固定費）である。一方、販売費及び一般管理費の多くは（変動費・固定費）であり、売上高が減少しても（増加・減少）しない費用である。この会社は売上高に連動して販売費及び一般管理費も（増加・減少）している。成長期の会社にこの傾向が見られるが、コスト管理は利益が（出ている・出ていない）ときこそ重要！

② （変動費・固定費）の増加は将来の利益に貢献するか否かを長期的な視点で管理する必要がある。売上高が増加しても費用の増加が上回れば、利益が（増加・減少）するのは当然である。

正解は右頁下

第6章 利益を守り、増やすためのコンサルティング説明

不況時に苦しまないために何をすれば良いか

比較損益計算書

単位：千円

	X01年3月期	X02年3月期	X03年3月期
[売上高]	499,363	541,981	590,706
[売上原価]	186,478	208,723	229,998
(主な内訳)			
商品仕入高	100,183	118,503	129,872
材料仕入高	4,962	9,082	9,822
外注加工費	79,644	80,261	81,254
売上総利益	312,885	333,258	360,708
[販売費及び一般管理費]	282,391	305,646	332,426
給料手当	142,012	148,872	159,220
雑給	15,234	14,056	13,787
退職給付費用	8,872	9,237	12,834
法定福利費	13,317	14,454	15,228
福利厚生費	3,314	4,452	5,526
旅費交通費	11,737	10,870	11,567
通信費	4,504	4,888	5,729
荷造運賃	24,166	27,836	29,921
交際接待費	1,364	2,275	2,223
消耗品費	11,157	15,073	18,851
新聞図書費	1,894	1,655	1,268
外注費	3,344	3,648	5,827
地代家賃	14,121	18,729	18,729
減価償却費	7,125	7,309	8,726
保険料	7,709	7,676	6,735
雑費	12,521	14,616	16,255
営業利益	30,494	27,612	28,282
[営業外収益]	7,391	7,932	7,438
[営業外費用]	10,515	10,765	10,328
経常利益	27,370	24,779	25,392
[特別損益]	-5,520	-674	-201
税引前当期純利益	21,850	24,105	25,191
[法人税、住民税及び事業税]	10,939	10,291	11,398
当期純利益	10,911	13,814	13,793

※コスト（お金）の出口が緩んでいないかどうか注意する！

…後で苦労することがないように

- ✓ 給与手当
- ✓ 消耗品費
- ✓ 地代家賃
- ✓ 雑費

左頁の正解は順に、①（変動費、固定費、減少、増加、出ている）
②（固定費、減少）

> **Q&A③ 社長の疑問　なぜ売上高販管費率は下がるべきなのか**
>
> 　前頁の会社の損益計算書では、販売費及び一般管理費が売上高に連動していることが問題のようですが、販売費や一般管理費は売上に必要なコストです。
> 　それならば、売上高に対する販売費及び一般管理費の比率、すなわち売上高販管費比率が高くならなければ良いと考えますが間違いでしょうか。

● 回 答 ●

　売上高販管費比率が高くならなければ良いというのは条件付きの話です。
　その条件は売上高の増加がないときです。売上高が増加しているときであれば、売上高販管費比率は特殊要因がなければ原則として低下すべきです。

● 説 明 ●

　データは、状況に応じて読むことが重要です。
　なぜ、売上高が増加しているときには売上高販管費率は低下すべきなのでしょうか。
　その理由は、販売費及び一般管理費には、売上高に連動しないコスト、すなわち固定費があり、販売費及び一般管理費が売上高と同じように増えるということは、売上に直接的に必要とされないコストも増加していることを意味するからです。
　前頁の会社は売上高が増加しており、固定費の存在を考えれば、売上高販売費及び一般管理費比率は低下すべきなのです。

第6章　利益を守り、増やすためのコンサルティング説明　73

売上高販管費比率をどう読むか

売上高販管費比率

$$売上高販管費比率 = \frac{販売費及び一般管理費}{売上高}$$

比較損益計算書

単位：千円

		X01年3月期	X02年3月期	X03年3月期
[売上高]	A	499,363	541,981	590,706
[売上原価]		186,478	208,723	229,998
（主な内訳）				
商品仕入高		100,183	118,503	129,872
材料仕入高		4,962	9,082	9,822
外注加工費		79,644	80,261	81,254
売上総利益	B	312,885	333,258	360,708
[販売費及び一般管理費]	C	282,391	305,646	332,426
営業利益	D	30,494	27,612	28,282

		X01年3月期	X02年3月期	X03年3月期
売上総利益率（％）	B/A	62.7%	61.5%	61.1%
売上高販管費比率（％）	C/A	56.6%	56.4%	56.3%
営業利益率（％）	D/A	6.1%	5.1%	4.8%
対前期売上高伸び率		－	8.5%	9.0%

この中に、見落としてはならない**非常に重要なデータ**あり

それは**営業利益率**！

〈非常に重要な説明ポイント〉

　売上高が好調な時期でさえも、営業利益率は低下しています。

　売上高が不振になったら、さらに低下するでしょう。

　たとえば、翌年のX04期3月期決算で、売上高がX01年3月期の水準にまで落ちると利益を出すことさえ難しくなりますので、注意を喚起しましょう。

6　月次決算データから利益を予測し、目標設定する方法

1　固定費・変動費の分解（固変分解）

　費用を固定費と変動費に分解することを"固変分解"と言います。

　はじめて固変分解を行う際には、あまり複雑になりすぎず簡単に行える以下の方法と手順が良いでしょう。

　まず、費目科目の売上高との関連性を考慮し、また会社の費用発生における特性も加味して費用分解します。

　たとえば、卸売業や小売業であれば、売上原価は変動費と考えて良いでしょう。

　販売費及び一般管理費は、販売手数料のように売上高との関連が強い費用は少なく、ほとんどが固定費となるでしょう。

　ほとんどが固定費と言っても、長期的には会社の成長にともなって増加する、すなわち結果として売上高との関連が認められる費用もあります。ただ、月次決算ベースでの固変分解は短期の利益管理として行うものですので、この場合は、短期的な視点で検証し分解していきます。

　右頁の株式会社 OK ☆の月次損益計算書によって、固変分解の様子を見てみましょう。

　株式会社 OK ☆は製造会社であり、売上原価はすべて変動費とはならず、変動費と固定費に分解します。右頁の方法では、売上原価のうちの変動費と固定費は、製造費用における変動費と固定費の割合と同じであるとみなしています。なお、棚卸資産の影響で売上原価と製造費用は一致していません。

　販売費及び一般管理費は、販売手数料と荷造運賃の一部以外はすべて固定費としています。

　給与手当のすべてを固定費とするのではなく、販売員の売上実績に連動する給与等がある場合には、その部分を変動費とすると、より正確な固変分解ができるでしょう。

第6章 利益を守り、増やすためのコンサルティング説明　75

固定費と変動費への分解

月次損益計算書

単位：千円

株式会社　OK ☆

勘定科目	X01/4	X02/2	X02/3	当期合計	費用分解 変動費	費用分解 固定費
[売上高]	8,097	7,269	8,503	95,334		
[売上原価]	2,799	2,571	2,901	33,049	25,117	7,932
売上総利益	5,298	4,698	5,602	62,285		
[販売費一般管理費]	4,611	4,532	4,635	55,021		
給料手当	1,505	1,484	1,511	18,084		18,084
雑給	162	161	161	1,944		1,944
賞与引当金繰入	333	334	334	4,000		4,000
退職給付費用	106	107	107	1,280		1,280
法定福利費	223	227	228	2,710		2,710
福利厚生費	45	31	33	420		420
旅費交通費	198	194	204	2,356		2,356
通信費	84	79	86	1,011		1,011
荷造運賃	294	270	311	3,483	3,122	361
交際接待費	73	69	61	807		807
会議費	51	48	53	606		606
水道光熱費	71	69	65	814		814
消耗品費	271	284	279	3,329		3,329
販売手数料	220	196	241	2,522	2,522	
地代家賃	457	457	457	5,488		5,488
減価償却費	254	254	254	3,048		3,048
雑費	264	268	250	3,119		3,119
営業利益	687	166	967	7,264	30,761	57,309

X01/5-X02/1を省略しています

販売費・一般管理費のうち

変動費	荷造運賃の一部　販売手数料
固定費	変動費以外のすべて

次頁の製造費用の構成比率で売上原価を按分

製造原価報告書

単位：千円

勘定科目	当期合計	費用分解	
		変動費	固定費
材料費	21,900	21,900	
労務費	5,600		5,600
経費	5,773		
外注加工費	2,156	2,156	
動力費	1,246	1,246	
ガス・水道料	79	79	
減価償却費	1,256		1,256
租税公課	389		389
賃借料	161		161
保険料	230		230
雑費	256		256
当期総製造費用	33,273	25,381	7,892
構成比率(%)	100%	76%	24%

→ この構成比率で前頁の売上原価を按分

製造費用のうち

変動費	材料費　外注加工費　動力費　ガス・水道料
固定費	変動費以外のすべて

（参考）変動費と固定費の例
① 製造業
　変動費：直接材料費、買入部品費、外注費、間接材料費、その他直接経費等
　固定費：労務費、給与手当、福利厚生費、減価償却費、賃借料、保険料等
② 卸・小売業
　変動費：売上原価、荷造運賃、販売手数料等
　固定費：給与手当、福利厚生費、広告宣伝費、賃借料、保険料等
③ 建設業
　変動費：材料費、外注費、仮設経費、設計費等
　固定費：労務管理費、給与手当、福利厚生費、減価償却費、賃借料、保険料等

2　統計的手法による固変分解

　費用のすべてを固定費と変動費のどちらかに完全に分けることはできません。たとえば、荷造運賃には売上に連動して発生する運賃だけでなく、必ずしも売上に結びつかない運賃も含まれているでしょう。費用の発生状況は会社のビジネス特性によっても異なります。
　固定費部分と変動費部分を合理的に分解する方法として、統計的な手法をご紹介します。
　株式会社 OK ☆における荷造運賃について、売上高との相関をグラフ化し、それを一次方程式に表して固定費と変動費に分解してみましょう。

　一次方程式（計算式）は、y＝ax＋bです。
　y＝荷造運賃　a＝変動費率　x＝売上高　b＝固定費　です。
　この方程式から荷造運賃を変動費と固定費に分割します。

　たとえば、前頁の売上高と荷造運賃のうち、2月と3月の2ヶ月分のデータから固定費と変動費に分解してみます。

　　2月　　270＝7,269×a＋b
　　3月　　311＝8,503×a＋b
　　　　　　a≒0.0332（変動費率）
　　　　　　b≒29（月間固定費）

　以上のように、2月と3月との2ヶ月間のデータから月間固定費は29千円と計算されました。しかし、データが2つでは結果にズレが生じます。
　そこで、年間（12ヶ月）のデータから月間固定費を計算するとどうなるか、その手順を次頁で示しています。
　売上高と荷造運賃との関係をグラフ化して、回帰分析によって回帰直線を示しています。なおグラフ中のR^2は決定係数といい、回帰方程式の変動費率や月間固定費額の説明力の強さを表します。決定係数が1に近いほど、方程式による説明力が強いこと（数値のあてはまりが良いこと）を意味します。
　次頁の年間のデータから導き出した月間固定費は30千円です。決定係数は0.97184であり、荷造運賃の月間固定費は30千円とみなして良さそうです。

売上高との相関をグラフ化して固定費と変動費に分解する

統計的手法による固変分解の手順

1. 月次損益計算書の売上高と荷造運賃を抽出

単位：千円

月	売上高	荷造運賃
4	8,097	294
5	7,945	290
6	8,278	298
7	8,198	299
8	7,610	275
9	7,913	293
10	8,231	298
11	8,049	294
12	8,134	298
1	7,107	263
2	7,269	270
3	8,503	311
合計	95,334	3,483

2. 売上高と荷造運賃の相関図、そして回帰直線

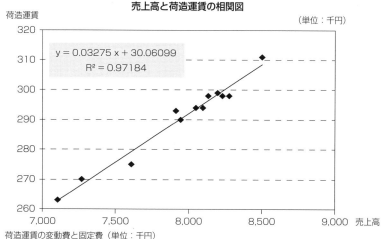

荷造運賃の変動費と固定費（単位：千円）
変動費＝95,334×0.03275≒3,122
固定費＝3,483－3,122＝361

3．回帰直線からの変動費率と月間固定費

　　変動費率　　0.03275
　　月間固定費　　30（30.06099）千円

4．荷造運賃「当期合計」における変動費と固定費の金額

　　変動費

　　　　　売上高 × 変動費率
　　　　　95,334 × 0.03275 ≒ 3,122千円

　　固定費

　　　　　荷造運賃発生額 － 変動費
　　　　　　3,483　－　3,122　＝　361千円
　　　　　（≒30千円 × 12ヶ月）
　　　　　（月間）

3　損益分岐点と予想売上高からの利益額の算出

損益分岐点から利益を分析

　株式会社 OK ☆の費用を固定費と変動費に分解できたら、次は損益分岐点を計算します。

$$損益分岐点売上高（年間）＝\frac{固定費}{1-\dfrac{変動費}{売上高}}＝\frac{57,309}{1-\dfrac{30,761}{95,334}}$$

$$≒84,610（千円）$$

（月次ベースでは7,051千円）

　管理会計手法を使って、営業利益を分析してみましょう。

　この場合、「利益＝売上高－費用」ではなく、損益分岐点と売上高の差額を計算し、これに限界利益率を乗じた方法で利益を計算します。

　財務会計での利益のとらえ方ではなく、管理会計手法としての利益のとらえ方であり、損益分岐点を通過した後に生み出される限界利益をより多く集めることが利益向上の決め手であることを示しています。

　月次決算での利益を説明する際には、この管理会計手法を取り入れることで、利益改善への提案力が身につきます。

予想売上高による利益額の算出

　将来の売上高が予想できる場合は、費用の発生額を集計せずに予想利益額を算出することができます。

　たとえば、営業部門における受注高から今後数ヶ月の売上額を予想できる場合、予想売上高と損益分岐点との差額に限界利益率を乗じて利益を算出するものです。

　右頁下の表は、X02年4月（X02/4）以降の予想売上高から予想営業利益を算出しています。

第6章 利益を守り、増やすためのコンサルティング説明 81

利益管理の視点で利益をとらえ説明する

損益分岐点から利益を分析

月次損益計算書

単位：千円

株式会社　OK☆

勘定科目	X01/4	X02/2	X02/3	当期合計	変動費	固定費
[売上高]	8,097	7,269	8,503	95,334		
[売上原価]	2,799	2,571	2,901	33,049	25,117	7,932
売上総利益	5,298	4,698	5,602	62,285		
[販売費一般管理費]	4,611	4,532	4,635	55,021	5,644	49,377
営業利益	687	166	967	7,264	30,761	57,309

※費用分解は当期合計列の右側

X01/5-X02/1を省略しています

営業利益（当期合計）＝（売上高－損益分岐点売上高）×限界利益率

　　　　　　　　　　＝（95,334－84,610）×67.733%

　　　　　　　　　　≒7,264千円

$$\frac{変動費(30,761)}{売上高(95,334)} = 変動費率(32.267\%)$$

（1－変動費率）＝限界利益率(67.733%)

予想売上高からの利益額の算出

実績以降のX02/4からX02/8までの予想売上高をもとに、各月の予想営業利益

単位：千円

	X02/4	X02/5	X02/6	X02/7	X02/8
予想売上高	8,100	8,130	8,260	8,370	8,400
損益分岐点との差額（A）	1,049	1,079	1,209	1,319	1,349
予想営業利益（A）×限界利益率	711	731	819	893	914

を算出できます。

（例）X02/4予想営業利益＝（予想売上高－損益分岐点売上高）×限界利益率

　　　　　　　　　　　＝（8,100-7,051）×67.733%

　　　　　　　　　　　≒711千円

4　目標利益額に必要な売上高の算出

　現状のコスト構造を前提にして、利益の目標額を達成するために必要な売上高を算出することができます。

　たとえば、株式会社 OK ☆において、月間営業利益1,000千円を目標とする場合に、どれだけの売上高が必要になるかを考えてみましょう。

※1,000千円の月次営業利益を目標利益とする場合の必要売上高

　　必要売上高＝（固定費＋目標利益）÷限界利益率
　　　　　　　＝（4,775.75千円＋1,000千円）÷67.733％
　　　　　　　≒8,527千円

　　　　　　　　　　※　固定費（4,775.75）＝固定費合計（57,309）÷12（ヶ月）

必要売上高を求める算式は、以下のように求められます。
利益は固定費を上回る限界利益です。その利益に目標値を定めます。

　　限界利益（※）－固定費＝目標利益
　　必要売上高×限界利益率－固定費＝目標利益
　　必要売上高＝（固定費＋目標利益）÷限界利益率

　　　　　　　　　　　　　　※限界利益＝必要売上高×限界利益率

　なお、この計算式は、限界利益は固定費と利益に分配されることも示しています。

　限界利益の額に変化がなければ、固定費の削減は利益の増加になり、固定費の増加は利益の減少となります。

　このように考えると固定費の増加は"悪"と思われがちですが、固定費の増加によって限界利益を増やせれば、すなわちパイを大きくできるならば、望ましい固定費になります。企業成長には固定費増加が不可欠です。

第6章 利益を守り、増やすためのコンサルティング説明　83

目標利益額に必要な売上高の算出の図解

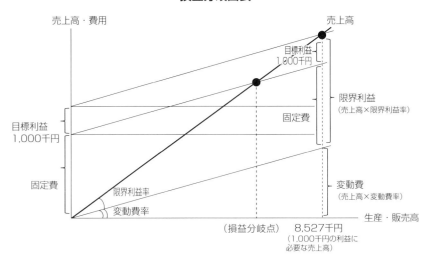

限界利益は固定費と利益に分配されるという見方もできる

　　　　　それならば、固定費は少ない方が望ましい？
　固定費（生産能力や従業員数）の増加が限界利益（パイ）を大きくするならば、固定費の増加はむしろ必要

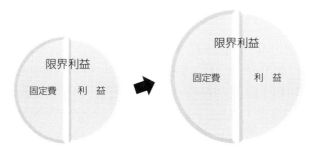

固定費には利益を生み出す原動力という面もある（投資的効果）

7　月次決算と節税対策

1　月次決算では税金の金額よりも税引後利益を意識する

　企業の成長において、避けて通れないのが"税金の壁"です。法人税の節税は非常に重要です。コストダウンと同様にムダな税金を払うことは避けなければなりません。

　税金は利益が出ることで発生します。

　ただ、税金を減らすことを意識しすぎると、「利益を抑えよう」という行為につながるおそれがあります。損金になるという理由から期末にパソコンを大量に購入したり、減価償却費を増やすために今は必要ない機械装置や備品、自動車を購入したりすると、節税できた税金よりも「お金」が減ってしまいます。

　右頁の図Aは、100万円の税引前利益が計上できたとして、利益に対して税金が30％と見積もられた場合の資金の増加の様子を表したものです。損益と資金収支が同じだったと仮定すると、税引後には70万円の資金が残ります。

　一方、図Bは図Aのケースと同様に100万円の税引前利益を計上できたものの、節税のために損金となる備品をさらに40万円購入した場合の資金の変化を示しています。損金が40万円増加し、所得が同額減少して税金は12万円減少します。

　しかし、資金は42万円しか残りません。

　図Aのケースと比べて、税金は12万円減少しますが、備品の購入代金として40万円の資金が減少するからです。

　節約できる税金よりも購入代金の方が28万円多くなってしまうのです。

　節税を考える際には、経営にプラスになる提案をしなければなりません。

第6章 利益を守り、増やすためのコンサルティング説明

節税したのにお金が減るという現実

目先の税金を減らすことにこだわりすぎて、資金繰りやリスクへの対応力など会社の体力を減退させてはいけません。成長のためには何が必要か、成長への道筋を見失うことのないようにしなければなりません。

税金の壁を乗り越えることで会社の成長する姿が見えてくる

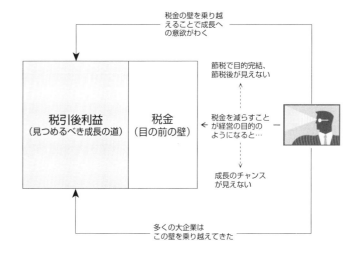

2 節税策のパターンを整理し、自社に合った節税策を説明する

　一口に節税策といっても、いくつかのパターンがあります。ここではそのパターンを整理してみましょう。

　まず、節税の効果が永久的なものか、一時的なものかによって分類できます。

　効果が永久的な節税としては、**「有利な（あるいは不利にならない）税務選択」**があります。たとえば、法人税額の税額控除制度の選択・活用や、損金不算入になるような支出を避けることなどです。

　効果が一時的な節税としては、**「税金の繰延べによる節税」**があります。

　一定の固定資産取得における特別償却の選択や、損金になる未払経費を積極的に計上するなど、費用の前倒計上で節税効果が得られます。ただし、先に多くの損金を計上できるというだけであって、損金となる合計金額が増えるものではありません。その意味で一時的な節税になります。

　次の分類は、資金支出の有無による分類です。

　資金支出のある節税とは、**「資金支出によって損金を発生させる節税」**のことです。パソコンや設備等の取得、従業員への決算賞与の支給や教育訓練の実施、そして役員保険の加入等に関連して発生する損金による節税です。

　他方、資金支出のともなわない節税とは、**「含み損のある資産の売却・処分による節税」**です。遊休不動産の売却や不採算事業からの撤退による固定資産の処分損などがその例です。

　節税にかぎらず、経営意思決定にはプラス効果と同時にマイナス効果が発生する可能性も考慮しなければなりません。節税は"プラス"と考えがちですが、資金流失とその節税策が将来に発生させるマイナス効果の可能性も考慮する必要があります。たとえば、不動産の取得として借入金を利用してマンションを購入した場合、金利の発生や不動産価格低下による損失の可能性も考え、節税効果とともに経営としてもプラス効果が期待できる節税策、すなわち経営施策を選択することが大切です。

節税をパターン別に整理して効果的に説明・提案する

〈節税策の分類と実行判断〉

| I. 節税効果が永久的か一時的か
II. 資金支出の有無 | | 望ましい経営効果が期待できるか |

〈節税策の具体例〉

永久的な節税：有利（不利にならない）税務選択による節税
・各種税額控除制度の活用
・役員給与や交際費などでの損金不算入の回避

一時的な節税：税金の繰延べによる節税
・固定資産取得における特別償却の選択
・未払費用の積極的な計上

資金支出のある節税：資金支出によって損金を発生させる節税
・パソコンや設備の取得
・決算賞与の支給、教育訓練の実施
・事業構造改革にともなう早期退職金の支給
・役員保険への加入

資金支出のない節税：含み損のある資産の売却・処分による節税
・遊休不動産の売却
・不採算事業からの撤退による固定資産処分損

　理想的な経営効果が期待できる節税策とは、節税効果とともに、将来にプラスとなるキャッシュフロー効果が期待できる節税策です。たとえば、遊休不動産の売却は損失が発生するものの資金収入があり、その資金で借金の軽減や保有コストの発生を止められるという点で大きな経営効果があります。

　また、役員保険の加入は資金支出があるので優先度が低い節税策のように思われがちですが、経営者が病気やけがにより現場を離れる際に経営リスクを低減させる効果があります。これも望ましい経営効果が期待できる節税策です。

第7章

部門別損益計算書の作成と説明ポイント

部門別損益計算書で会社の強みと課題、さらに利益向上に必要な対策を明らかにする

1 「売上総利益」までの部門別損益計算書の説明

　複数の事業や営業拠点を持っている会社の場合、部門別の損益計算書を作成すると、会社の強みと課題、されに利益を継続的に増やすために必要な対策がよりはっきりと見えてきます。

　会社全体の結果としての業績を知るだけであれば部門別の損益計算書は必要ありませんが、経営者の経営判断や行動に役立つ情報を提供するためには、業績変化を生み出す単位での分析が必要となります。また、損益分岐点分析を行う際にも、会社全体としての損益分岐点よりも、部門別の損益分岐点を知ることの方が重要です。複数の事業や営業拠点を持っているということは複数の利益の生産現場があることを意味しており、それぞれの単位での損益分岐分析や業績管理が必要となります。

（部門別に分類のない甲社の月次損益計算での説明）

　さて、第3章**1**『説明力を高める基本フォーム』（16頁）―で取り扱った甲社が2つの事業部で構成されているとした場合の部門別損益計算書の説明を解説します。

　部門別になっていない甲社の損益計算書は右頁のとおりです。

　現状分析と変化分析からは以下の点が明らかになっていました。

　（現状分析）……強み

　甲社は利益の源泉となる高水準な売上総利益を確保し、赤字になりにくい経営体質を身に付けている。

　（変化分析）……課題

　強みとなっている売上総利益が減少している。その原因は売上高の減少であり、売上原価との比較から売上数量の減少ではなく販売商品の単価の値下がりが生じていることにある。

第7章 部門別損益計算書　91

月次損益計算書

前年同月　単位：千円

		X01/4	5	6	7	8	9	X00/9	当期合計
[売上高]		185,400	186,838	170,930	174,816	178,028	183,457	194,626	1,079,469
[売上原価]		62,729	62,036	55,233	58,633	59,033	61,701	61,299	359,365
売上総利益		122,671	124,802	115,697	116,183	118,995	121,756	133,327	720,104
[販売費及び一般管理費]		101,421	105,848	102,142	101,103	102,814	105,097	103,256	618,425
人件費	役員報酬	8,574	8,574	8,574	8,574	8,574	8,574	8,574	51,444
	給料手当	43,525	43,143	43,019	42,887	43,956	44,543	43,568	261,073
	雑給	1,080	1,248	1,188	1,076	1,445	1,063	1,523	7,100
	法定福利費・福利厚生費	4,706	8,534	4,275	5,324	4,738	4,703	4,470	32,280
	賞与・退職給付引当金繰入	10,077	10,077	10,077	10,077	10,077	10,077	10,127	60,462
	人件費合計	67,962	71,576	67,133	67,938	68,790	68,960	68,262	412,359
その他諸経費	通信費	1,557	1,614	1,614	2,003	1,701	1,691	1,555	10,180
	販売員旅費	2,107	1,897	2,070	2,236	2,148	1,949	2,595	12,407
	荷造運賃	9,834	10,626	9,720	9,056	10,647	11,173	10,381	61,056
	広告宣伝費	883	1,367	681	139	748	497	349	4,315
	交際接待費	552	115	2,003	474	619	272	588	4,035
	消耗品費	4,615	4,023	3,979	4,920	4,172	5,514	5,204	27,223
	租税公課	11	17	21	377	136	197	173	759
	支払手数料	908	1,014	1,138	973	993	1,265	1,603	6,291
	地代家賃	7,174	7,124	7,124	7,124	7,124	7,123	7,369	42,793
	減価償却費	2,558	2,558	2,558	2,558	2,558	2,558	1,395	15,348
	その他	3,260	3,917	4,101	3,305	3,178	3,898	3,782	21,659
	その他諸経費合計	33,459	34,272	35,009	33,165	34,024	36,137	34,994	206,066
営業利益		21,250	18,954	13,555	15,080	16,181	16,659	30,071	101,679

　強みと課題が大まかに分かりますが、2つの事業がある場合に双方ともに同じ強みと課題があるのか、あるいは具体的にそれぞれの事業部においてどのような対策が必要なのかまでは明らかになっていません。

　部門別の損益計算書を作成すると、これらが"手にとるように"明らかになります。

(部門別に分類された甲社での部門別損益計算での説明)

甲社の2つの事業部について売上総利益段階まで分類できた場合、情報量は大幅に増えてきます。

現状分析と変化分析を行い、決算説明のための情報を入手してみましょう。

(現状分析)……強み

高水準な売上総利益を生み出していたのはA事業部であることが分かります。甲社の強みは赤字になりにくい経営体質を身に付いていることでしたが、それはA事業部の収益力が極めて高いことが要因です。

A事業部単独の売上総利益で、会社全体の販売費及び一般管理費がまかなえています。この状態が継続できる限り、甲社は赤字になりません。利益を生み出すA事業部の主力エンジンのパワーを維持・向上させることがもっとも優先順位の高い経営目標となります。赤字にならない経営体質は経営者が是非とも身に付けたいと願うでしょう。

さらに規模は相対的に小さいもののB事業部も安定的に収益を生み出しており、A事業部の収益が多少落ちてきても赤字にはなりにくい経営体質を維持できていることも甲社の強みといえるでしょう。

部門別損益計算書から、2つの事業部の存在が会社の黒字継続にともに貢献している事実が読み取れます。

甲社の現状分析（X01年9月）（百万円未満切捨表示）

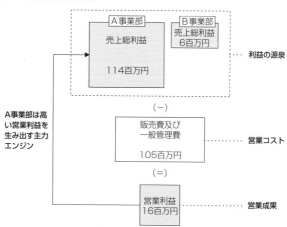

利益の源泉がよりハッキリと見える

月次損益計算書

前年同月　単位：千円

		X01/4	5	6	7	8	9	X00/9	当期合計
A事業部	[売上高]	156,027	159,859	149,829	151,228	155,351	160,592	173,564	932,886
	[売上原価]	40,873	42,314	40,281	42,559	43,052	45,593	45,613	254,672
	商品仕入高	40,565	41,903	40,021	42,285	42,756	45,211	45,092	252,741
	その他	308	411	260	274	296	382	521	1,931
	売上総利益	115,154	117,545	109,548	108,669	112,299	114,999	127,951	678,214
	売上総利益率	73.8%	73.5%	73.1%	71.9%	72.3%	71.6%	73.7%	72.6%
B事業部	[売上高]	29,373	26,979	21,101	23,588	22,677	22,865	21,062	146,583
	[売上原価]	21,856	19,722	14,952	16,074	15,981	16,108	15,686	104,693
	売上総利益	7,517	7,257	6,149	7,514	6,696	6,757	5,376	41,890
	売上総利益率	25.6%	26.9%	29.1%	31.9%	29.5%	29.6%	25.5%	28.6%
売上総利益合計		122,671	124,802	115,697	116,183	118,995	121,756	133,327	720,104
[販売費及び一般管理費]		101,421	105,848	102,142	101,103	102,814	105,097	103,256	618,425
人件費	役員報酬	8,574	8,574	8,574	8,574	8,574	8,574	8,574	51,444
	給料手当	43,525	43,143	43,019	42,887	43,956	44,543	43,568	261,073
	雑給	1,080	1,248	1,188	1,076	1,445	1,063	1,523	7,100
	法定福利費・福利厚生費	4,706	8,534	4,275	5,324	4,738	4,703	4,470	32,280
	賞与・退職給付引当金繰入	10,077	10,077	10,077	10,077	10,077	10,077	10,127	60,462
	人件費合計	67,962	71,576	67,133	67,938	68,790	68,960	68,262	412,359
その他諸経費	通信費	1,557	1,614	1,614	2,003	1,701	1,691	1,555	10,180
	販売員旅費	2,107	1,897	2,070	2,236	2,148	1,949	2,595	12,407
	荷造運賃	9,834	10,626	9,720	9,056	10,647	11,173	10,381	61,056
	広告宣伝費	883	1,367	681	139	748	497	349	4,315
	交際接待費	552	115	2,003	474	619	272	588	4,035
	消耗品費	4,615	4,023	3,979	4,920	4,172	5,514	5,204	27,223
	租税公課	11	17	21	377	136	197	173	759
	支払手数料	908	1,014	1,138	973	993	1,265	1,603	6,291
	地代家賃	7,174	7,124	7,124	7,124	7,124	7,123	7,369	42,793
	減価償却費	2,558	2,558	2,558	2,558	2,558	2,558	1,395	15,348
	その他	3,260	3,917	4,101	3,305	3,178	3,898	3,782	21,659
	その他諸経費合計	33,459	34,272	35,009	33,165	34,024	36,137	34,994	206,066
営業利益		21,250	18,954	13,555	15,080	16,181	16,659	30,071	101,679

（変化分析）……課題

　課題はもっとも重視すべきＡ事業部の収益力が落ちてきていることです。売上総利益が前年同月の127百万円から114百万円に13百万円減少しており、営業利益の減少14百万円の主因であることが分かります。

　一方でＢ事業部は減益要因にはなっていないことも分かります。

　Ａ事業部の売上総利益の減少は売上高の減少であることが分かります。商品仕入価格の高騰がなければ、商品仕入高にほとんど変化がないことから販売商品の単価の値下がり、すなわち得意先からの値引き要請が強まってきているか、あるいは相対的に利益幅の少ない商品の販売ウェイトが高まっていることが想定されます。

　部門別に分類のない損益計算書においても、課題は売上高の減少であり、販売商品の単価の値下がりが背景にあることが読みとれますが、部門別に分類された損益計算書では、更に課題がＡ事業部において生じていることが分かります。

　経営体質の変化は徐徐に進んでいきます。その兆しはいち早く月次決算書に出てきます。顧客のニーズに合った商品の開発や販売、同時にコストの低減といった利益の落ち込みを防ぐ対策も月次決算書の説明の場の重要なテーマになりえるでしょう。

第7章 部門別損益計算書

月次決算の説明プロセス

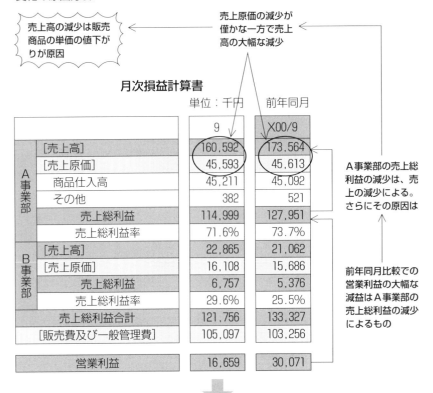

2 「営業利益」までの部門別損益計算書の作成と説明

1 財務会計ベースで作成した部門別損益計算書

（1）財務会計ベースの部門別損益計算書の作成

営業利益までの部門別損益計算書を作成する場合には販売費及び一般管理費も部門別に集計する必要があります。

右の乙社の部門別損益計算書ではA・B・Cの3つの事業部があり、販売費及び一般管理費のうち各事業部において個別に認識できる、配送費から雑費までを控除して部門営業利益を算出しています。

部門営業利益から本社費用を控除して部門利益を算出しています。本社費用は経理、総務、人事など専門的な機能の提供により各事業部の運営を支援する本社部門の運営費用です。これら本社部門の運営費用は、各事業部の成果獲得に必要なコストであり、部門利益の計算において負担させています。

本社費用の配賦基準としては、本社費用を本社機能（人事、経理、総務、法務、IT、研究開発等）の便益を受ける対価ととらえると、人材提供・開発面からの従業員数や人件費、または使用経営資源の金額による方法が考えられます。また、本社機能の継続的な提供を支えに実現した成果としての売上高を基準とした方法などが考えられます。

右項の乙社の部門別損益計算書では、事業部の売上高と従業員数を基準として配賦しています。

（2）財務会計ベースの部門別損益計算書と説明例

乙社の月次決算説明において、どのような説明ができるでしょうか。

まずはすべての事業部が黒字となっています。各事業部の成果として評価することができます。

続いて、会社の営業利益（部門利益の合計額）への貢献度は、部門利益の構成率から見て、全体の61％を計上したA事業部がもっとも大きかったことがわかります。また、部門利益率から見て利益を生み出す力が大きいのは、部門利益率29.4％のB事業部です。

一方で最大の売上規模をもつC事業部の部門利益率は4.9％であり、他の事業部を大きく下回り、部門利益ベースでの赤字になるリスクは3事業部でもっとも高いことが読み取れます。

第7章 部門別損益計算書

X01年7月度				(単位:千円)
	全社	A事業部	B事業部	C事業部
売上高 (A)	2,700,000	900,000	180,000	1,620,000
売上原価	1,319,700	376,000	65,000	878,700
売上総利益	1,380,300	524,000	115,000	741,300
販売費及び一般管理費	899,300	272,900	52,980	573,420
配送費	52,000	15,000	3,000	34,000
広告宣伝費	56,200	13,200	2,280	40,720
人件費	320,000	101,000	17,000	202,000
賃借料	269,600	82,000	16,500	171,100
業務委託費	76,000	23,000	5,500	47,500
消耗品費	32,000	10,600	2,400	19,000
減価償却費	55,500	17,100	3,100	35,300
雑費	38,000	11,000	3,200	23,800
部門営業利益	481,000	251,100	62,020	167,880
本社費用	144,000	45,600	9,120	89,280
部門利益（営業利益）(B)	337,000	205,500	52,900	78,600
部門利益の構成率 (各事業部/全社)	100.0%	61.0%	15.7%	23.3%
部門利益率(B/A)	12.5%	22.8%	29.4%	4.9%

　本社費用は共通費（部門に個別認識できない費用）として事業部の予定売上高と従業員数を基準に以下のように配賦しています。

本社費用配賦額				(単位:千円)
	全社	A事業部	B事業部	C事業部
本社費用	144,000	45,600	9,120	89,280
売上高比分(本社費用の1/2)	72,000	24,000	4,800	43,200
従業員分比(本社費用の1/2)	72,000	21,600	4,320	46,080

売上高	2,700,000	900,000	180,000	1,620,000
従業員数	50	15	3	32

（例）A事業部の売上高比分：72,000×(900,000/2,700,000)=24,000
　　　同　　従業員数比分：72,000×(15/50)=21,600

 どんな説明ができるか

（強み）
　全事業の努力の結果として評価 ⇒ 全事業部が黒字達成
　会社の営業利益への最大貢献事業部はA事業部 ⇒ 部門利益構成率61.0%
　利益を生み出す力がもっとも大きい事業部はB事業部 ⇒ 部門利益率29.4%
（課題）
　赤字になるリスクのもっとも高い事業部はC事業部 ⇒ 部門利益率4.9%

　財務会計ベースでも強みと課題は説明できますが、強化・改善のための具体的なアクションまでも示すことができるのは管理会計ベースの部門別損益計算書です。

2 管理会計ベースで作成した部門別損益計算書

（１） 管理会計ベースの部門別損益計算書の特徴

　右項は乙社の管理会計ベースの部門別損益計算書です。財務会計ベースの部門別損益計算書と比較してみると、以下の２つの特徴があります。

①表示上の特徴

　管理会計ベースの部門別損益計算書では、売上原価と販売費及び一般管理費を変動費と固定費に分けていること、さらに固定費を部門管理可能固定費と部門管理不能固定費に分けている点に表示上の特徴が見られます。

　多くの経営者は「売上に直接必要な原価を差し引いた粗利から諸経費を差し引いて利益をあげる」と考えます。

　この経営者の考え方を、より正確に表現するならば「売上高に直接必要な変動費を差し引いた残り（限界利益）から固定費を回収して利益をあげる」となります。

　右項の部門別損益計算書では限界利益から固定費を差し引いて営業利益を算出しています。経営者の考え方にそった表示様式といえるでしょう。

②機能上の特徴

　表示上の特徴を生かした分析を行うことで、決算説明において各部門の利益だけではなく、会社全体の利益をさらに増やすために、管理責任を明らかにしたうえで具体的に誰が何をすべきかの情報を提供することができます。これが機能上の特徴です。

　利益が生み出されるプロセスにおいて、固定費を部門管理者にとって管理可能か否かで分類しています。これはすべての固定費が部門管理者にとってコントロールできるわけではないからです。乙社では人件費、賃借料、減価償却費を本社管轄の部門管理不能固定費としており、部門管理者（事業部長または店長）の管理可能利益として管理責任を負うのは部門管理可能利益であることを明らかにしています。具体的にはこの利益が各事業部で予算管理すべき利益となります。

　部門管理不能固定費と本社費用は事業部門が直接コントロールできない固定費です。これらの費用は本社部門、あるいは経営者が管理する利益です。

　業績向上は、事業部門まかせではなく会社全体で取り組むテーマであることが当然のことではありますが明らかになっています。

（2）管理会計ベースの部門別損益計算書と説明例

（管理会計ベースの部門別損益計算書）

X01年7月度	全社	A事業部	B事業部	C事業部
売上高(A)	2,700,000	900,000	180,000	1,620,000
変動費	1,447,700	414,000	73,500	960,200
売上原価	1,319,700	376,000	65,000	878,700
配送費	52,000	15,000	3,000	34,000
業務委託費	76,000	23,000	5,500	47,500
限界利益(B)	1,252,300	486,000	106,500	659,800
部門管理可能固定費	126,200	34,800	7,880	83,520
広告宣伝費	56,200	13,200	2,280	40,720
消耗品費	32,000	10,600	2,400	19,000
雑費	38,000	11,000	3,200	23,800
部門管理可能利益(C)	1,126,100	451,200	98,620	576,280
部門管理不能固定費	645,100	200,100	36,600	408,400
人件費	320,000	101,000	17,000	202,000
賃借料	269,600	82,000	16,500	171,100
減価償却費	55,500	17,100	3,100	35,300
部門営業利益	481,000	251,100	62,020	167,880
本社費用	144,000	45,600	9,120	89,280
部門利益(D)	337,000	205,500	52,900	78,600
限界利益率(B/A)	46.4%	54.0%	59.2%	40.7%
部門管理可能利益率(C/A)	41.7%	50.1%	54.8%	35.6%
部門利益率(D/A)	12.5%	22.8%	29.4%	4.9%

（比較：財務会計ベースの部門別損益計算書）

X01年7月度	全社	A事業部	B事業部	C事業部
売上高(A)	2,700,000	900,000	180,000	1,620,000
売上原価	1,319,700	376,000	65,000	878,700
売上総利益	1,380,300	524,000	115,000	741,300
販売費及び一般管理費	899,300	272,900	52,980	573,420
配送費	52,000	15,000	3,000	34,000
広告宣伝費	56,200	13,200	2,280	40,720
人件費	320,000	101,000	17,000	202,000
賃借料	269,600	82,000	16,500	171,100
業務委託費	76,000	23,000	5,500	47,500
消耗品費	32,000	10,600	2,400	19,000
減価償却費	55,500	17,100	3,100	35,300
雑費	38,000	11,000	3,200	23,800
部門営業利益	481,000	251,100	62,020	167,880
本社費用	144,000	45,600	9,120	89,280
部門利益（営業利益）(B)	337,000	205,500	52,900	78,600
部門利益の構成率（各事業部/全社）	100.0%	61.0%	15.7%	23.3%
部門利益率(B/A)	12.5%	22.8%	29.4%	4.9%

（管理会計ベースの部門別損益計算書の説明例）

X01年7月度　　　　　　　　　　　　（単位：千円）

	全社	A事業部	B事業部	C事業部
売上高(A)	2,700,000	900,000	180,000	1,620,000
変動費	1,447,700	414,000	73,500	960,200
売上原価	1,319,700	376,000	65,000	878,700
配送費	52,000	15,000	3,000	34,000
業務委託費	76,000	23,000	5,500	47,500
限界利益(B)	1,252,300	486,000	106,500	659,800
部門管理可能固定費	126,200	34,800	7,880	83,520
広告宣伝費	56,200	13,200	2,280	40,720
消耗品費	32,000	10,600	2,400	19,000
雑費	38,000	11,000	3,200	23,800
部門管理可能利益(C)	1,126,100	451,200	98,620	576,280
部門管理不能固定費	645,100	200,100	36,600	408,400
人件費	320,000	101,000	17,000	202,000
賃借料	269,600	82,000	16,500	171,100
減価償却費	55,500	17,100	3,100	35,300
部門営業利益	481,000	251,100	62,020	167,880
本社費用	144,000	45,600	9,120	89,280
部門利益(D)	337,000	205,500	52,900	78,600
限界利益率(B/A)	46.4%	54.0%	59.2%	40.7%
部門管理可能利益率(C/A)	41.7%	50.1%	54.8%	35.6%
部門利益率(D/A)	12.5%	22.8%	29.4%	4.9%

－説明例－

強みの指摘	強みの維持・向上策
全事業部が黒字	各事業部での部門管理可能利益を向上させるとともに、本社においては現場（事業部門）とのコミュニケーションをさらに密にして、部門管理不能固定費の効率的運用を心掛ける。
部門利益をもっとも多く生み出しているA事業部	限界利益率が高いことと部門管理可能固定費の効率的利用の2点が多くの利益を生み出している要因。部門管理者はこの2点の維持・向上に最大の注意を払う。
部門利益率がもっとも高いB事業部	A事業部をさらに上回る限界利益率を実現させていることが最大の要因。売上増加による利益拡大がもっとも大きく期待できる事業部である。長期的に会社の経営資源を集中投入して規模拡大も検討される事業部である。

課題の指摘	課題の解消策
部門利益率が低く、赤字になるリスクがもっとも高いC事業部	部門利益率が相対的にきわめて低いものの、限界利益率の水準はそれほど低いわけではない。限界利益や部門管理可能利益の金額は3事業部中で最大である。これらの多額の利益を部門利益まで残せていないこと、すなわち部門管理不能固定費が多いことが課題の最大要因である。C事業部と協議のうえ、本社主導で部門管理不能固定費を限界利益への影響に留意しつつ圧縮することが求められる。

第8章

貸借対照表からの説明ポイント

貸借対照表は経営情報の宝庫、
いかに重要情報を引き出すか

1 貸借対照表の仕組み

　会計を専門としていない会計専門職以外の人にとっては、損益計算書の売上高や利益には馴染みがあるものの、貸借対照表は理解しにくいようです。

　資産、負債、純資産といった大まかな区分は理解できても、各区分に含まれる勘定科目は会計の専門用語のように感じてしまうからのようです。

　貸借対照表の理解や説明の際に重要なことは、**現状において理解できている部分を核にして、理解出来る範囲を広げる**ということです。

　会計専門用語については、一般に広く認知されている用語に置き換えて説明すると理解しやすいでしょう。

　貸借対照表を理解するコツは、貸借対照表を大枠のブロックに分けてとらえ、各ブロックの中にある代表的な勘定科目を理解することです。

　右頁の図は貸借対照表の全体像です。以下のように説明すると理解しやすいでしょう。

貸借対照表の右側はお金の入口（どこからお金を集めてきたか）、左側はお金の使い途（集めたお金を何に使っているか、現物のリスト）

　貸借対照表は左側に資産、右側に負債を表示します。資産と負債の差額はネットの資産、純資産として負債の下に表示します。一般的には、資産の方が負債より多いので、純資産はプラスになります。もし右側の負債の方が左側の資産より多くなった場合であっても、差額の純資産は左側に表示するのではなく、右側の負債の下にマイナス金額として表示されます。

　貸借対照表はさらに右頁下の図のように主要ブロックに分割します。

第8章 貸借対照表からの説明ポイント　103

貸借対照表の全体像をとらえる

大きな3つのブロック（会計的分類）

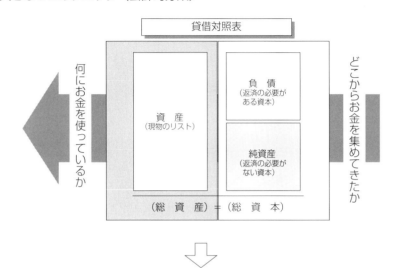

主要な5つのブロック（経営的分類）

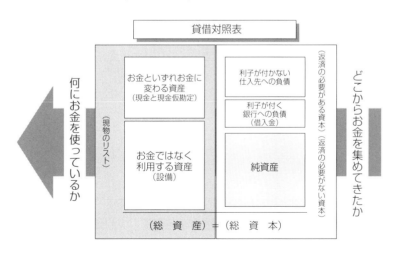

2 主要ブロックの見方・説明の仕方

　お金の入口を示す貸借対照表の右側は、商売の元手として"資本"とも言います。元手としてのお金といえば、株主が出してくれたお金である資本金が代表例です。利益剰余金は過去からの利益の留保額です。"内部留保"とはこの利益剰余金を指します。

　そのほかにも、元手資金には銀行から借りたお金、つまり借入金も含まれます。資本金と借入金の違いは、資本金が返済不要であるのに対して、借入金は返済が必要であることです。借入金は利子を付けて返済する必要がある債務ですので、有利子負債とも言います。

　無利子負債というのは利子の付かない負債で、商品代金の未払である買掛金がその例です。買掛金は仕入代金の未払債務ですので、仕入債務とも言います。営業取引のために発生する仕入代金の支払債務が仕入債務です。

　一方、貸借対照表左側は、お金の運用形態を示します。ここを見れば、何にお金が使われているかを知ることができます。

　工場の生産設備、本社の事務管理設備、商品や売上債権などが左側に記載されます。売上債権とは、商品やサービスを顧客に売り上げた企業がその代金の支払を受ける権利のことです。営業取引において発生する売上代金の請求権で、具体的には売掛金や受取手形が売上債権です。売上債権はいずれお金として回収されます。

　棚卸資産も売上債権と同様、いずれお金として回収されます。

　棚卸資産と売上債権の目的地は現預金ですので、現金仮勘定としてとらえることができます。

　左側には商売の戦略物資が並んでいるのです。

　お金を全部モノに変えてしまうと、右側の負債の返済にも支障が出ますので、いつでも支払ができるように現預金も残しておく必要があります。現預金は負債の返済だけでなく、チャンスのときに使える準備資金でもありますので、現預金も戦略的な財産と言えます。

説明する立場で貸借対照表を理解する

貸借対照表の説明に重要な主要ブロックにさらに分割

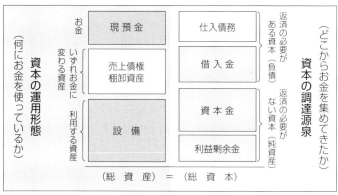

運転資本＝売上債権＋棚卸資産－仕入債務

現金と現金仮勘定…仮勘定から本勘定への流れはスムーズか

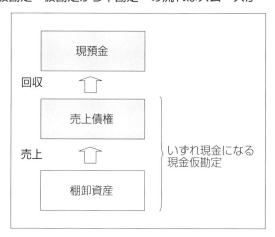

3 貸借対照表では最初にどの数字に着目するか

　貸借対照表は資産・負債・総資産の残高を示す表ですが、同時にその変化（変動）にも注目する必要があります。

　月次決算でも年度決算でも、貸借対照表で最初に注目すべき数字は総資産額（＝総資本）です。

　総資産は人間にたとえると体重と置き換えることができます。成長している時期であれば、身長が伸びて体重が増えていくのは当然のことでしょう。しかし、成長が止まり、マイナス成長となった場合（マイナス成長は人間にはありませんが）に体重が増えていくのは問題です。

　昔から総資産は会社の規模を示し、総資産が大きな会社ほど規模が大きく良い会社というイメージがありました。確かに、総資産は経営資源の量を表すものであり、この点については、多くの方が理解されています。

　実は、総資産はもう１つ別の顔も持っているのです。貸借対照表を見る上で、この別の顔に意識を向けることがとても重要です。

　その説明のために、右頁の図を見てください。

　Ａ社とＢ社はともに総資産の数字が10,000ですが単位が異なります。Ａ社は10億円（billion）でＢ社は千円（thousand）です。したがって、Ａ社の総資産は10兆円、Ｂ社の総資産は１千万円です。Ａ社の総資産規模を持つ会社は、たとえばトヨタ自動車（単体）です。Ｂ社の総資産規模を持つ会社は多くの中小企業です。

　では、両者の総資産のうち１％が毀損したと仮定すると、それぞれどれだけの損失となるでしょうか。

　Ｂ社の場合、１千万円の１％で10万円です。この程度の損失ならば、たとえ損失分の資金の補充がすぐに必要になったとしても、社長個人の財布からお金を補充することができそうです。

　一方、Ａ社はそのように個人の資金で補填することは不可能です。たった１％といっても、10兆円の１％は１千億円にものぼるからです。

　総資産は経営資源の量であるとともに経営リスクの量でもあると言えます。

| 総資産を無視した決算説明はありえない！ |

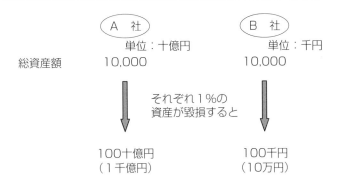

総資産額は資源量を示すとともに、リスク量を示す数字でもある

　総資産が会社の資源量を示すことは一般に知られています。
　しかし、リスク量を示すという点については、必ずしも浸透していないことも多いでしょう。
　資産規模は、大きい方が常に良いというわけではありません。会社が成長している時期であれば、資産規模は増やしていくのが良いのですが、成長が止まったら総資産を増やさないようにコントロールすることも必要です。身長の伸びが止まったのに、体重が増えていくのを見逃していると肥満体になってしまいます。具体的には、売上高や利益の伸びが止まってきたら、総資産の伸びも止めることなどです。
　資産のうち、特にお金以外のモノ、在庫や設備などはいったん身につくと、後から削減することは簡単ではありません。日常的にチェックするという点で月次決算における貸借対照表総額の推移を売上高や利益と併せて見ることは極めて重要です。
　貸借対照表の総資産額はリスクを示すという視点で決算を理解し、説明できると、会社が非効率、高コスト体質になることを未然に防ぐ効果が期待できます。

4 「運転資本とは何か」の質問にはこう答える

「運転資本とは何か、分かりやすく説明してください。」

もし、あなたが会計事務所の職員であるとして、顧問先の社長からこんな質問を受けたら、どのように説明しますか。

回答例 1

「運転資本とは、会社が営業活動を行うために必要となる資本（元手）です。」

とても簡潔な答えです。

この答えは、会計の知識がある社長には「それだ！」と感じさせる答えですが、そうでない社長には「よく分からない…」となるでしょう。つまり、これだけでは説明不足ということです。

回答例 2

「運転資本とは、棚卸資産や売掛金などがその例で、営業活動で棚卸資産を購入又は製造し、それを売却し代金を回収するまで入金待ちとなるお金です。棚卸資産の購入資金は先に用意しておく必要があり、棚卸資産の売却後であっても、売掛金の状態であれば入金待ちの状態です。一方、買掛金は棚卸資産の購入代金ですが、支払待ちの資金であり、運転資本の計算でマイナスします。運転資本は『売上債権＋棚卸資産－仕入債務』で計算されます。」

少々長い説明になりましたが、正攻法の説明と言えるかも知れません。この説明でも良いですが、もう少し簡潔にした説明が回答例3です。

回答例 3

「売掛金と棚卸資産はいずれ現金化される将来の現金であり、買掛金は将来の現金のマイナスです。運転資本は営業取引を行う上で、未回収資金として別途手当されている元手であり、『売掛金＋棚卸資産－買掛金』で計算されます。」

この回答で理解できる社長であれば、会計の基礎は理解できていると言えるでしょう。まずはこの回答例で説明をするのが良いでしょう。

運転資本は営業循環に必要な潤滑油

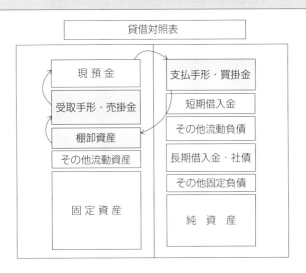

　企業は商品を仕入れ、棚卸資産として保管します。仕入代金はその場で支払うのではなく、一般的には1ヶ月分がまとめて請求され、支払日までの間は仕入債務（支払手形・買掛金）として貸借対照表に載ります。

　棚卸資産である商品は、売却されると売上が計上されます。売り上げてもすぐにお金にはなりません。売上代金は一般的に1ヶ月分をまとめて得意先に請求します。入金までさらに1ヶ月から数ヶ月を要し、その間は売上債権（受取手形・売掛金）として貸借対照表に載ります。

　そして売上債権が現預金として回収されると、回収された現預金は買掛金の支払にもあてられます。

　企業の運転資本と資金は、「仕入債務（棚卸資産）→売上債権→現預金→仕入債務」へと循環し、企業の命が続く限り継続します。人間の心臓が鼓動を打ち始めたら止まることがないように、回転は続きます。

　売上債権と棚卸資産はいずれ現預金の受入れになり、仕入債務はいずれ現預金の払出しとなります。すなわち「売上債権＋棚卸資産－仕入債務」は、すぐに現預金にはならないものの商売を続けていく（working）のに必要な元手（capital）として、運転資本（working capital）といいます。

> **Q&A④ 社長の疑問　買掛金に利子が付かない理由**
>
> 　負債のうち、有利子負債の場合は、相手（銀行）は利子がもらえますが、無利子負債の場合は利子がもらえません。
> 　当社も仕入先からの買掛金について、利子は払っていません。他社も同じでしょう。
> 　商慣習として営業取引による買掛金で利子を支払わないのはなぜですか。

● 回 答 ●

　仕入先は資金の賃貸借による利益を目的として取引をしているのではなく、営業の継続的取引として利益を得ています。したがって、買掛金に利子は支払わないのです。

● 説 明 ●

　仕入先が買掛金についての利息を請求しないのは、利息以外の利益を得ているからです。

　仕入先は売上代金を「後でまとめて請求する」ことによって、取引のつどに現金の支払を要求する取引先よりも、取引の相手として選択されやすくなり、取引量や取引の継続性に関して有利になります。利息ではなく、営業取引上で利益を得ているのです。

　取引のつど現金で決済するのではなく、買掛金や売掛金としてまとめて後で精算するというのは、ビジネスの回転効率を高める上で大変便利です。さらに在庫を持っているということで、売り手の立場であればいつでも商品を出荷できますし、買い手の立場であれば必要なものを待たずに購入できるという点で、これもビジネスの回転効率を高める上で役立っています。

　つまり、運転資本はビジネスの潤滑油と言えます。

なぜ買掛金には利子が払われないのか

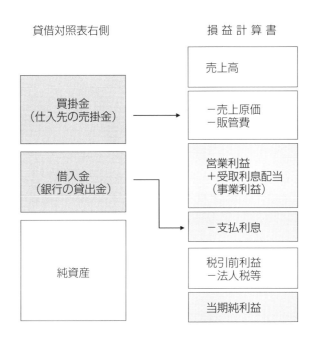

　借入金に対して利子を払うのは、銀行にとってはお金を貸すことが目的であり、その利益となるのが利子だから

　買掛金に対して利子を払わないのは、仕入先はお金を貸すことではなく営業取引が目的であり、利息ではなく営業取引で利益を得ているから

> **Q&A⑤ 社長の疑問　売掛金や在庫を減らすメリット**
>
> 　在庫や売掛金などの運転資本が営業取引の回転やボリュームを増やすことに役立つのであれば、在庫や売掛金の残高は減らさない方が良いのでしょうか。
>
> 　今まで社内では「在庫を減らせ」、「売掛金は早く回収せよ」と言ってきましたが、顧客の利便性や当社の利益を考えるとこれは間違いだったのでしょうか。

● 回　答 ●

間違いではありません。

これからも在庫の圧縮や売掛金の早期回収を心がけてください。

　確かに、在庫や売掛金などの運転資本はビジネスの効率を高める潤滑油であることは事実ですが、潤滑油だからこそ適量があります。多すぎるのは資金的な負担になります。そもそも運転資本にはコストがかかっているので利益を圧迫する面もあるのです。

● 説　明 ●

　在庫（たとえば商品）は売り場の棚に並べられた、あるいは売り場に出す前に倉庫に眠っている、いずれお金になる資産です。預金のように利子が付くものではなく、資産とは言いながらコストがかかります。右頁の表のように、保有コストがかかりますので、売れ残りの商品は値下げすることもありますし、商品数量のロス（帳簿残より棚卸残が少ないこと）が生じることもあります。

　売掛金も在庫と同様、利子を生みません。また保有には保管場所を必要としませんが、必要運転資金としての金利相当額（借入金等の支払利息）がかかり、債権管理のために人件費をはじめ請求諸費用が必要となります。また、長期間回収できない状態として債権の滞留が生じると、多額の貸倒れを避けるために一部債権のカットに応じたりする場合もあります。実際に貸倒れになったとき、回収を前提に資金繰りを組んでいる場合には連鎖倒産のリスクもあります。

勝ち組企業はまず運転資本の管理を充実させる

在庫や売掛金にはコストがかかる

	お　金	在　庫	売　掛　金
保有の利益	利子が付く	利子を生まない	利子を生まない
保有コスト	原則として不要	原則として必要（金利、倉庫料、保管担当者人件費等）	原則として必要（金利、債権管理担当者人件費等）
価格下落の危険性	原則として価値が下がらない	商品価値が落ちる場合がある	貸倒れを避けるために、一部債権カットに応じる場合もある
数量減少（ロス）の危険性	金融機関に預けることで防げる	売り場でのロスが生じやすい	貸倒れが生じる場合がある

１．在庫や売掛金は商売の潤滑油

　在庫を持つことには、顧客の注文に対していつでも商品を出荷できるというメリットがあります。

　売上代金を売掛金にする、すなわち売上のつど支払を求めず月単位でまとめて請求することで、顧客の支払の手間を省くことができ、反復・継続的な取引ができるというメリットがあります。

　在庫や売掛金のある会社は、同じ商売でこれらがない会社（すなわち在庫を持たない、そして現金でなければ売らないという会社、他の条件は同じ）に比べて顧客を引きつけるでしょう。

２．在庫や売掛金のコスト認識

　商売の潤滑油となる在庫や売掛金ではありますが、それらを持つことによるコスト認識も必要です。特に在庫を持つことによるコストは高く、業種によって違いはありますが、20％程度のコスト認識が必要です。在庫のコストは、一定期間資金が入らないことによる金利、倉庫料、人件費、商品減耗損、売上値引など、様々なコスト（収益マイナス）項目に分散されて集計されないため認識されにくいのです。

　売掛金は現物を持たないので、保有コストは在庫よりも低いですが、金利、請求事務コストや貸倒れコストなど５〜10％のコスト認識が必要です。

5 貸借対照表で利益の使い途を説明する

　毎月の月次貸借対照表で貸借が一致している性質を利用して、月次利益の使途を説明することができます。

　右頁はABC株式会社のX01年の9月と10月の2ヶ月分の月次貸借対照表です。
　総資産は、9月が137,000千円で10月が140,000千円となっています。
　月次利益は繰越利益剰余金の前月からの増加により5,000千円でした。
　利益とキャッシュフローが同じであれば、現預金が5,000千円増加しているはずですが、実際には3,000千円減少しています。
　もしあなたがこのABC株式会社の会計責任者で、社長からこんな質問を受けたとしたら、どのように説明しますか。
「5,000千円の利益が出ているのにお金が減少しているのはなぜ？」

不十分な回答例

> 「会計ソフトへの入力伝票はチェックして合っていますので、問題ありません。10月の月次利益は5,000千円ですが、利益とお金は一致しないのです。」

　この説明では、社長は納得できないでしょう。疑問に答えていないからです。社長の疑問は会計処理が正しいかどうかではなく、利益が出ているのにお金が減っていることなのです。
　ここで、貸借対照表の特性を利用した効果的な説明方法をご紹介します。
　貸借対照表の貸借は毎月一致しています。当然のことながら、前月との増減額も貸借では一致しています。右頁の「十分な回答例」では、貸借対照表の増減分析から利益が何に使われたのかを説明しています。利益は貸借対照表に計上されることによって現物に姿を変えます。貸借対照表の増減額から利益を説明できるのです。

貸借対照表の増減額から利益を説明する

月次貸借対照表(2ヶ月分)

月次貸借対照表

ABC株式会社　　　　　　　　　　　　　　　　　　　　　　　　　　単位:千円

	X01年9月	X01年10月		X01年9月	X01年10月
資産の部			負債の部		
[流動資産]			[流動負債]		
現預金	26,000	23,000	買掛金	6,000	6,000
売掛金	7,000	11,000	短期借入金	5,000	4,000
有価証券	10,000	10,000	その他	18,000	17,500
棚卸資産	3,000	4,000			
その他	4,000	4,500			
流動資産計	50,000	52,500	流動負債合計	29,000	27,500
			[固定負債]		
			長期借入金	16,000	15,500
			固定負債計	16,000	15,500
			負債合計	45,000	43,000
[固定資産]			純資産の部		
(有形固定資産)	79,000	79,500			
建物	33,000	33,000	[資本金]	50,000	50,000
車両運搬具	3,000	3,000	資本金	50,000	50,000
工具器具備品	15,000	16,000	[利益剰余金]		
土地	38,000	38,000	利益準備金	10,000	10,000
減価償却累計額	-10,000	-10,500	繰越利益剰余金	32,000	37,000
(投資等)	8,000	8,000	(うち月次利益)	(3,000)	(5,000)
敷金	8,000	8,000	利益剰余金計	42,000	47,000
固定資産計	87,000	87,500	純資産合計	92,000	97,000
資産合計	137,000	140,000	負債・純資産合計	137,000	140,000

貸借対照表の増減分析

単位:百万円

貸借対照表対前月増減分析	
現預金・有価証券 -3	その他流動負債 -0.5
運転資本 +5	短期・長期借入金 -1.5
その他流動資産 +0.5	純資産(月次利益) +5
固定資産 +0.5	

十分な回答例

　利益は5,000千円ありますが、借入金の返済に1,500千円の資金が使われました。これ以外に今月の資金が減少したもっとも大きな原因は、売掛金が4,000千円増加して、この分の売上代金が未入金となったためです。なお、増加した売掛金はXY株式会社への売上などで、本日現在ではすでに入金済みです。

第9章

資金繰りの理解と説明ポイント

資金繰りの理解＝貸借対照表の理解

1 貸借対照表が読めれば資金繰りのコツも分かる

　資金繰りとは、資金の出入りをチェックし、事業資金が不足しないようにやり繰りすることです。右頁の貸借対照表で確認してみましょう。

　右頁の貸借対照表は期首と期末の状態を表しています。この図を見れば、現預金はどうすれば増えるのか、又は減るのかが分かります。貸借対照表の右側はどこからお金を集めてきたか（資本の調達源泉）であり、左側は何にお金を使っているか（資本の具体的な運用形態）です。

　期末の貸借対照表で「現預金増加」をより多く確保するには、①右側を増やして、②左側の増加を抑えることが有効です。資金繰りの仕組みはそれほど難しいものではありません。難しいとしたら、それを実行することでしょう。ただ、難しいというのも資金繰りの基本を理解していないだけかもしれません。「あのとき、あんな投資をしなければ…」「あんな安易に借金をしなければ…」というのはよくあることです。では、どんなことに注意すれば良いでしょうか。

　右側を増やす方法としては、利益（当期純利益）を増やすことがもっとも望ましいのは言うまでもありません。利益以外の方法、すなわち借入金の増加や増資による純資産の増加は、企業活動から新たに生み出したお金ではないこと、そして資金調達であるため毎年のように継続的に資金を受け入れる方法ではありません。継続的に資金を作り出す方法は利益以外にないのです。

　左側の現預金以外の項目を抑える方法としては、運転資本の残高を必要最低限に圧縮すること、事業成果が得られない投資をしないことなどです。

　右頁の貸借対照表を見ると、安全な資金繰りのコツが見えてきませんか。

資金繰りは貸借対照表上で管理する

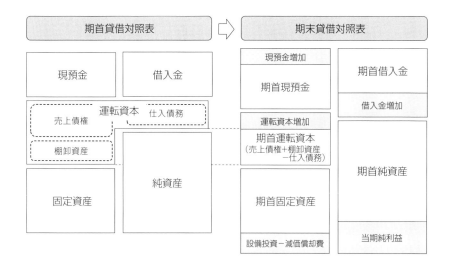

お金を増やすにはどうすれば良いか

〈貸借対照表右側を増やす方法〉
1. 当期純利益を増やす（赤字になる可能性を排除する）
2. 増資をする
3. 借入金を増やす

〈貸借対照表左側の増加を抑える方法〉
1. 運転資本の残高を必要最低限に圧縮する
2. 事業成果が得られない投資をしない
3. 遊休資産の売却を促進する

> **Q&A⑥　社長の疑問　赤字会社の資金繰りを良くする方法**
>
> 当社は今年も赤字で、資金繰りの悩みが尽きません。
> お金を増やす方法について①貸借対照表右側を増やす方法と、②貸借対照表左側の増加を抑える方法を教えてもらいましたが、何から始めたら良いのか、またどんなことに注意したら良いのか、実務面から説明してください。

● 回 答 ●

　赤字会社に必要なことは「行動」です。赤字から脱却する行動を起こすことから始めてください。借入金は赤字を埋めるためのお金ではなく、黒字転換のためのお金として調達しましょう。いずれ黒字回復するだろうと高をくくり、借入れなど資金繰りの対症療法をしているだけでは根本的な解決策にはなりません。いずれまた資金繰り問題に直面することになります。売上が増えなくても黒字にできるような構造改革を実行すべきです。

● 説 明 ●

　資金繰りの悩みは、多くの会社が抱えています。社長の意識が資金繰り対策に集中している間は、将来に向けてのビジネス展望をする余裕もなくなっているでしょう。

　「景気が良くなれば…」という期待はせずに、自力で赤字体質からの脱却を図らなければなりません。右頁の図のように貸借対照表左側（事業サイド）に赤字によって穴が空き、資金流失が続いている状態を放置しておくことは危険です。その結果、資金繰りが苦しくなって借入金が増加していきます。優先順位は明らかです。赤字の穴をふさぐことを最初にすべきです。具体的には、貸借対照表と損益計算書からコスト要素を洗い出します。

　このように、コストの引下げは身近なところから実行します。

赤字の原因と対策の順序

赤字会社の貸借対照表

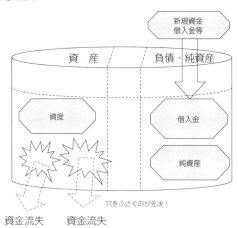

資金流失　　資金流失

　赤字の継続は資金流失の継続も意味します。新たに資金を入れても穴が空いた状態では資金が生かされません。

　赤字になる原因は、①収益を上回るコスト体質になっていること、②経営リスクが大きくなりすぎていることにあります。対策は2方向から実施します。

　　収益が増えなくても黒字になる「損益計算書」を目指す
　　「貸借対照表」を圧縮して負債の圧縮を目指す

〈資金流失を止めるための**貸借対照表右側対策**〉
　　赤字幅の減少として役員報酬の引下げ、販管費の圧縮
　　早期退職金支払など構造改革資金のための増資又は借入れ

〈資金流失を止めるための**貸借対照表左側対策**〉
　　遊休資産（非営業資産）の売却
　　採算の悪化している営業資産の売却

Q&A⑦ 社長の疑問　良い借金と悪い借金

　金利も払えないほど多額の借金をする会社が良くないことは理解できます。一方、「無借金会社が必ずしも良い会社とは言えない」と聞いたこともあります。
　借金に良い悪いの区別があるのですか。

● 回　答 ●

　良い借金とは、借金によって利益が増え、安全に返済ができる借金のことで、悪い借金とは、借金によって利益が減り、返済のメドがたたない借金のことです。
　経営面で考えれば、借金によって利益が増えるか減るかは結果論であるという点も事実ですが、事前に利益が増える計画のもとで行われたどうかが問題となります。

説　明

　借金をしている間は、利息の支払として金利負担を負い、時間の経過と共に利益が削られているわけですから、削られる利益よりも大きなプラス利益が期待できる事業チャンスのときか、あるいは、削られる時間が短いつなぎ資金としての借入金が良い借金といえます。
　それ以外は悪い借金になるので、利用するのは避けるべきです。

　では、「削られる利益よりも大きなプラス利益が期待できる事業」とは、具体的にどのような事業を指すのでしょうか。
　それは、借入金の金利を上回る投資利益率が期待できる事業です。右頁の〈良い借金の例〉のように、投資利益率が10％期待できるのであれば、2％の金利を払っても利益が拡大し、元本返済にも余裕ができることが期待されます。

良い借金と悪い借金の具体例

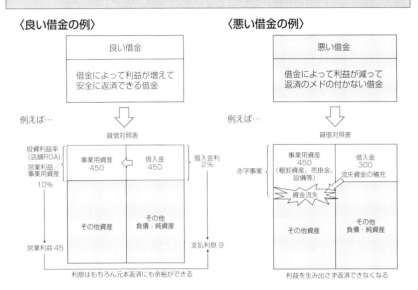

① 良い借金になる場合の例
　◆利益を生み出す投資資金
　　　拡大投資によって売上が増え、あるいは業務効率化のための設備投資によりコストダウンが図られ、一定水準以上の利益とキャッシュフローを生み出す場合
　◆一時的なつなぎ資金
　　　賞与資金や納税資金などの一時的な資金不足を補うもので、短期間で返済が見込める場合
② 悪い借金になる場合の例
　◆営業赤字状態における営業費用の支払資金
　　　日常的な事業資金に借入資金が使われるということは、他からの資金がないと事業継続ができないことを意味する
　◆収益見込みが不確実な投資資金
　　　収益見込みが不確実な投資機会ということは、損失を増やし、借金を増やす可能性を示唆する

2 資金繰り表の仕組みと見方

1 資金繰り（計画）表の仕組み

　右頁は資金計画表の事例です。収支を「経常収支」「決算・設備収支」「財務収支」の３つの収支に分解しています。
　各収支に含まれる取引内容は以下のとおりです。

経常収支
　　収入＝売上収入（営業収入）と営業外収益にともなう収入
　　支出＝商品仕入、材料仕入などによる支払、人件費の支払、
　　　　　その他諸費用の支払

決算・設備収支
　　収入＝固定資産売却収入、有価証券売却収入
　　支出＝固定資産取得代金の支払、有価証券購入代金の支払、
　　　　　法人税等の支払、配当金等の支払

財務収支
　　収入＝借入金・社債・増資による収入
　　支出＝借入金・社債の返済等による支払

2 資金計画表の見方

大切な経常収支

　資金計画表の３つの収支で一番重要なのは経常収支です。税金や配当金など決算関連の支払や設備投資の支払をする前の収支ですから、この収支がマイナスになると、仕入代金や人件費の支払にも困難な状況となります。そうなると、借金をするか、設備の売却によって営業活動の資金繰りを維持することになります。これでは長期的に経営を維持することは困難ですから、この経常収支は計画上もプラスであることが求められます。

第9章 資金繰りの理解と説明ポイント　*125*

資金繰り表の3つの収支

資金計画表

項目			年月	200X		
				4月	5月	6月
		前月繰越高（1）		3,600	3,240	4,210
経常収支	経常収入	現金・預金売上収入		100	100	100
		売掛金回収		5,480	4,480	4,350
		受取利息				
		雑収入			20	20
		収入計（2）		5,580	4,600	4,470
	経常支出	現金・預金仕入支払		60	60	60
		買掛金支払		3,240	2,880	2,550
		人件費		500	520	1,500
		その他経費		310	340	360
		支払利息		30	30	30
		支出計（3）		4,140	3,830	4,500
経常収支（2）－（3）＝（4）				1,440	770	-30
決算・設備収支	収入	固定資産売却収入				
		その他の収入				
		収入合計（5）		0	0	0
	支出	固定資産取得支出				3,000
		法人税等支払			2,000	
		その他の支出				
		支出合計（6）		0	2,000	3,000
決算・設備収支（5）－（6）＝（7）				0	-2,000	-3,000
財務収支	調達	短期借入金			3,000	
		長期借入金				3,000
		収入計（8）		0	3,000	3,000
	返済	短期借入金		1,000		
		長期借入金		800	800	800
		支出計（9）		1,800	800	800
財務収支（8）－（9）＝(10)				-1,800	2,200	2,200
翌月繰越高（1）＋（4）＋（7）＋(10)				3,240	4,210	3,380

決算・設備収支は一般的にマイナス

　基本的に、決算に関連する収支は支払ですのでマイナスです。また、設備投資に関連する収支も設備を売却するケースは多くなく、一般的には新規投資として支払となるのでマイナスです。

　ただし、決算・設備収支では有価証券売買にともなう収支も含まれるため、有価証券を売却する際にはプラスになることがあります。

財務収支は他の2つの収支に影響を受ける

　財務収支は、経常収支がマイナスである場合、あるいは経常収支で決算・設備収支が賄いきれない場合に、新規借入金の入金によりプラスになります。反対に経常収支が大きくプラスになり、決算・設備収支の支払を補っても余剰資金が残る場合には、財務収支は借入金の返済によりマイナスになります。

3　事例の資金計画分析の説明

4月の資金計画分析

　4月の経常収支は1,440のプラスを予定しています。

　この月の経常収支が他の月に比べて多いのは、決算セールで増加する3月売上の入金が4月に集中し、売掛金回収額が5,480と比較的多くなるためです。

　決算・設備投資収支はないため、経常収支で確保した資金は、そのまま借入金の返済に充当することも可能です。4月の借入金の返済予定額は1,800であり、不足分の360（=1,440 − 1,800）は前月の資金を取り崩す予定です。これにより月末の資金予定額は、前月残3,600から360減少して3,240になります。

5月の資金計画分析

　5月の経常収支は770のプラスを予定しています。

　決算の増収要因が消える5月の売掛金回収額は、4,480と前月比1,000減少

する予定です。

　一方、決算・設備投資の収支は法人税等の支払のために－2,000を予定しています。

　これにより5月の経常収支と決算・設備収支を合わせた事業活動の収支は－1,230となり、資金が大幅に不足するため資金調達が必要となります。

　不足資金を補充するため短期借入金として3,000の資金調達を予定しています。5月だけを考えれば2,000でも良いのですが、翌月に賞与資金として約1,000の資金が必要となるため、余裕をもって5月に3,000の調達を行います。これにより月末の資金予定額は、前月残3,240から970増加して4,210になります。

6月の資金計画分析

　6月の経常収支は賞与（人件費）の支払もあり－30を予定しています。一方、決算・設備投資収支は、固定資産の取得（設備投資）により－3,000を予定しており、先月と同様に資金不足を補うために財務収支で新規の借入れを計画し、調達・返済収支額として2,200のプラスを予定しています。これにより月末の資金予定額は、前月残4,210から830減少して3,380になります。

3 多桁式出納帳の作成

多桁式出納帳

月日	摘要	経常収入 現金・預金売上	売掛金入金	その他	経常支出 現金・預金仕入	買掛金支払	人件費	その他経費	支払利息	決算・設備収支 設備取得	税金支払	財務収支 調達 短期借入金	長期借入金	財務収支 返済 短期借入金	長期借入金	資金残高
4月	前月繰越															3,600
10日	現金・預金売上収入	100														
//	現金・預金仕入支払				60											3,640
15日	短期借入金返済													1,000		2,640
20日	諸経費支払							310								2,330
25日	給与等支払						500									1,830
30日	売掛金入金		5,480													
//	買掛金支払					3,240										
//	長期借入金返済														800	
//	借入利息支払								30							3,240
	4月集計	100	5,480	0	60	3,240	500	310	30	0	0	0	0	1,000	800	3,240
5月	前月繰越															3,240
10日	現金・預金売上収入	100														
//	現金・預金仕入支払				60											3,280
20日	諸経費支払							340								2,940
15日	雑収入金			20												2,960
25日	給与等支払						520									2,440
30日	売掛金入金		4,480													
//	短期借入金調達											3,000				
//	買掛金支払					2,880										
//	法人税等支払										2,000					
//	長期借入金返済														800	
//	借入利息支払								30							4,210
	5月集計	100	4,480	20	60	2,880	520	340	30	0	2,000	3,000	0	0	800	4,210
6月	前月繰越															4,210
10日	現金・預金売上収入	100														
//	現金・預金仕入支払				60											4,250
20日	諸経費支払							360								3,890
25日	給与・賞与等支払						1,500									2,390
27日	雑収入金			20												2,410
30日	売掛金入金		4,350													
//	買掛金支払					2,550										
//	長期借入金調達												3,000			
//	固定資産取得									3,000						
//	長期借入金返済														800	
//	借入利息支払								30							3,380
	6月集計	100	4,350	20	60	2,550	1,500	360	30	3,000	0	0	3,000	0	800	3,380

　資金計画表を作成する際は、現金出納帳、当座預金出納帳、普通預金出納帳、手形受払帳などを原資資料とします。会計ソフトを利用して簡単に作成することもできますが、多桁式出納帳を各勘定から転記して作成するのも良いでしょう。自動的に計算される手続とは別に、資金計画のコツが実感できるでしょう。

　多桁式出納帳は日にちごとに集計して作成しますが、どの時点でも資金がプラスでなければなりません。資金残高は同日に入出金がある場合には、最終欄に記入します。

第9章 資金繰りの理解と説明ポイント

多桁式出納帳からの資金計画表作成

資金計画表

多桁式出納帳より
| | 4月集計を転記 | 5月集計を転記 | 6月集計を転記 |
| ↓ | ↓ | ↓ |

項目	年月	200X		
		4月	5月	6月
前月繰越高（1）		3,600	3,240	4,210
経常収支	経常収入	現金・預金売上収入	100	100	100
		売掛金回収	5,480	4,480	4,350
		受取利息			
		雑収入		20	20
		収入計（2）	5,580	4,600	4,470
	経常支出	現金・預金仕入支払	60	60	60
		買掛金支払	3,240	2,880	2,550
		人件費	500	520	1,500
		その他経費	310	340	360
		支払利息	30	30	30
		支出計（3）	4,140	3,830	4,500
経常収支（2）−（3）＝（4）		1,440	770	−30
決算・設備収支	収入	固定資産売却収入			
		その他の収入			
		収入合計（5）	0	0	0
	支出	固定資産取得支出			3,000
		法人税等支払		2,000	
		その他の支出			
		支出合計（6）	0	2,000	3,000
決算・設備収支（5）−（6）＝（7）		0	−2,000	−3,000
財務収支	調達	短期借入金		3,000	
		長期借入金			3,000
		収入計（8）	0	3,000	3,000
	返済	短期借入金	1,000		
		長期借入金	800	800	800
		支出計（9）	1,800	800	800
財務収支（8）−（9）＝（10）		−1,800	2,200	2,200
翌月繰越高（1）＋（4）＋（7）＋（10）		3,240	4,210	3,380

　このように、多桁式出納帳の各月の月間合計額（各月集計）を項目別に転記して、経常収支、決算・設備収支、財務収支を集計します。

4 資金計画表の予定・実績分析と報告

　資金計画表の作成は、資金繰りに計画性をもたせて予定・実績の分析を行うことで、将来の資金繰りに役立ちます。

1　事例の資金計画表の予定・実績分析（予実分析）

〈4月の予定・実績分析報告〉

　資金計画表を作成した時点においては、3月の売上高が確定していたこともあり、4月の入出金がほぼ正確に予測でき、実績との差は現金取引部分のみとなっています。景況感の改善を反映して、現金・預金売上収入は予想よりも好調に推移しました。4月は掛売上も増加しているため、5月の売掛金回収額は予定を上回ります。

〈5月の予定・実績分析報告〉

　先月の報告どおり、5月は4月の掛売上の好調により入金額が多く、また翌月の入金予定（4月以降の掛売上）も予定表金額を上回ることが明らかであるため、3,000の借入金による資金調達を1,500に圧縮しています。この借入れは納税資金のために行うものであり、月次経常収支差額で3ヶ月以内に返済が予定されています。

〈6月の予定・実績分析報告〉

　6月は賞与資金の支払があるため、月次経常収支はマイナスを予定していましたが、好調な売上入金によってプラスを維持できました。なお、設備投資資金として長期借入金を3,000、予定どおり実行しました。

資金計画表の予定・実績分析

資金計画表（予定・実績）

項目			200X年4月 予定	200X年4月 実績	200X年5月 予定	200X年5月 実績	200X年6月 予定	200X年6月 実績
		前月繰越高（1）	3,600	3,600	3,240	3,700	4,210	3,530
経常収支	経常収入	現金・預金売上収入	100	500	100	800	100	1,100
		売掛金回収	5,480	5,480	4,480	4,600	4,350	5,050
		受取利息						
		雑収入			20	20	20	20
		収入計（2）	5,580	5,980	4,600	5,420	4,470	6,170
	経常支出	現金・預金仕入支払	60	60	60	480	60	660
		買掛金支払	3,240	3,240	2,880	2,920	2,550	2,910
		人件費	500	500	520	550	1,500	1,600
		その他経費	310	250	340	310	360	330
		支払利息	30	30	30	30	30	30
		支出計（3）	4,140	4,080	3,830	4,290	4,500	5,530
経常収支（2）－（3）＝（4）			1,440	1,900	770	1,130	-30	640
決算・設備収支	収入	固定資産売却収入						
		その他の収入						
		収入合計（5）	0	0	0	0	0	0
	支出	固定資産取得支出					3,000	3,000
		法人税等支払			2,000	2,000		
		その他の支出						
		支出合計（6）	0	0	2,000	2,000	3,000	3,000
決算・設備収支（5）－（6）＝（7）			0	0	-2,000	-2,000	-3,000	-3,000
財務収支	調達	短期借入金			3,000	1,500		
		長期借入金					3,000	3,000
		収入計（8）	0	0	3,000	1,500	3,000	3,000
	返済	短期借入金	1,000	1,000				
		長期借入金	800	800	800	800	800	800
		支出計（9）	1,800	1,800	800	800	800	800
財務収支（8）－（9）＝（10）			-1,800	-1,800	2,200	700	2,200	2,200
翌月繰越高（1）＋（4）＋（7）＋（10）			3,240	3,700	4,210	3,530	3,380	3,370

5 資金繰り表を経営改善に役立てるためのポイント

　資金繰り表を経営改善に役立てる際には、経常収支の動向、設備投資と採算性、借入金返済のタイミングなどに注意しましょう。

経常収支はプラスに！
　営業活動による営業収入から、仕入代金支払、人件費や物件費などの経費等の営業支出を賄わなければなりません。経常収支がキャッシュフローの源です。ここでキャッシュフローを生み出せないと経営は維持できません。

　〈経常収支をプラスにするポイント〉
　　① 利益をあげる
　　② 運転資本の圧縮（一回の発注量の圧縮、在庫圧縮など）
　　③ 固定費の圧縮（固定費を圧縮して、売上高が伸びない環境でも利益を守る）

売掛金の早期回収と適正在庫の徹底でコストを引き下げる
　売掛金や在庫を保有することには、お金に比べて現実のコストや将来の損失の危険性がともなっています。売掛金は債権管理コストや金利コスト、貸倒れの危険性が生じ、在庫には、保管コストや金利コスト、売残りによる価値低下や数量ロスの危険性もあります。なるべく資金化を早めて、コストやロスの発生を抑えることが利益向上につながります。

買入債務は増やさない
　買入債務（支払手形や買掛金）を増やすと、現金取引に比べてキャッシュフローにプラスになる、これは事実です。しかし現在のキャッシュフローのプラスは将来のマイナスになりますので、長期的に見ればプラスにもマイナ

スにもならないのです。一時的に資金繰りが楽になったとしても抜本的な解決にはなりません。むしろ、売上高が将来減少すると、今以上に資金繰りが苦しくなるおそれがあります。

特に支払手形には注意しなくてはなりません。手形さえ切らなければ、倒産する可能性は低いからです。手形を切って一時しのぎをして、抜本的な資金繰り対策を怠っているようなら、放漫経営です。将来の不確実な経営環境を考慮して、なるべく将来に資金繰り負担を残さないように考えるべきでしょう。

設備投資は採算性を考え、厳選して実行する

「資金繰りを良くするために設備投資を抑制する。」これは短期的には有効な対策になりえますが、投資を抑制すれば、将来の収益が犠牲になることもあります。多くの日本企業の課題は、投資に対しての利益が少なすぎるということです。採算性さえ確保できれば投資は抑制する必要はありません。期待したとおりの利益になるかどうかのリスクはありますが、必要収益率を高めて投資採算性を考えたり、代替的な投資案件をより多く集めたりすることが大切です。リストラは短期的に有効な戦略ですが、維持継続する戦略ではありません。戦略という以上、兵を引くばかりでは戦いになりません。

経常収支が大きくプラスになったら、借金の返済を考える

借入金はいずれ返済しなければなりません。経常収支から決算・投資収支を差し引いてマイナスが継続する会社は危険な会社といえます。借入れは儲けを増やすための一般的な行為です。儲かったら返済しなければなりません。永久に儲け、成長し続けることは不可能ですが、売上高が伸びているときほどその当たり前のことに気付かないのです。儲かったときにもっと儲けようと借金をして返さないのであれば、儲からなくなれば、さらに返せなくなってしまいます。

6 キャッシュフローとキャッシュフロー成果は同じではない

資金の増減とキャッシュフロー成果

　資金の増減はキャッシュフローとも言います。
　そこで質問です。
「資金が増加すれば、事業活動によってキャッシュフロー成果が得られたと考えて良いでしょうか。」

　答えはNOです。
　キャッシュフローがプラスになっただけではキャッシュフロー成果が得られたとは言えません。

　仮に、借入金によって資金が増加した（キャッシュフローがプラスになった）とすると、これはキャッシュフロー成果と言えるでしょうか。今は確かに資金が増えていますが、これは銀行からの借金であり、利子を付けて返さなくてはならないものです。
　将来、資金繰りで問題が生じないようにするためには、事業活動からのキャッシュフロー成果を安定的に獲得することが必要になります。
　資金の増減は貸借対照表の変化から読み取ることができます。たとえば、右頁の期末貸借対照表のうち、キャッシュフロー成果はいくらと計算されるでしょうか。
　キャッシュフロー（資金の増減）は150となっていますが、これはキャッシュフロー成果ではありません。事業活動から生み出された資金成果は以下のように100と計算されます。
　資金成果(100) ＝ 当期純利益(300) ＋ 減価償却費(100)
　　　　　　　　　　－ 運転資本の増加(100) － 設備投資(200)
　この資金成果のことをフリーキャッシュフローと言います。事業活動の成果として自由（フリー）に利用、処分できるキャッシュフローです。
　フリーキャッシュフローに借入金増減や配当金など財務収支が加わって、結果としての資金増減（キャッシュフロー）となります。

第9章 資金繰りの理解と説明ポイント　135

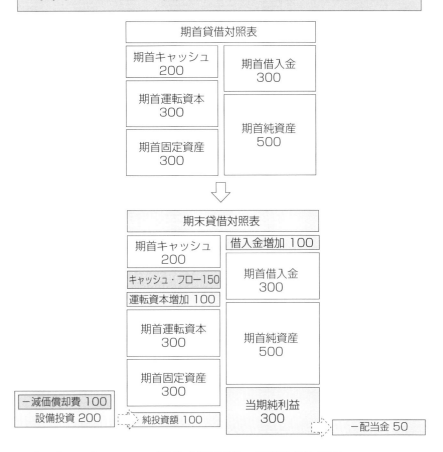

フリーキャッシュフロー（資金成果）(100) ＝ 当期純利益(300)
　　　　　　　　　　　　　　　　　＋減価償却費(100)
　　　　　　　　　　　　　　　　　－運転資本の増加(100)－設備投資(200)

キャッシュフロー（資金の増減）(150) ＝ フリーキャッシュフロー(100)
　　　　　　　　　　　　±財務活動収支(100)（借入金増加(100)－配当金(50)）

第10章

キャッシュフロー計算書からの説明ポイント

キャッシュフローデータは
並べて説明する

1 キャッシュフロー計算書の仕組み

　キャッシュフロー計算書（Statement of Cash Flows：C/F）は、一会計期間におけるキャッシュフローの状況を一定の活動区分別に表示する財務諸表です。この計算書は営業活動、投資活動、財務活動に分割して各事業活動区分別に資金の流れを明らかにし、資金繰り分析にも有益な情報を提供します。
　さらに、経営活動の最終成果であるフリーキャッシュフロー（企業が自由に利用・処分できるキャッシュフロー）を算出するための情報を提供します。

　右頁の図の「資金収支」が、キャッシュフローです。①～⑤はキャッシュフローの構成要素、お金の流れを示しています。

① **資金の調達**
　株主から出資を受け、金融機関から資金を調達します。

② **設備投資…「投資活動によるキャッシュフロー」**
　集められた資金を事業活動に投入します。調達資金の一部は投資に使われます。

③ **営業費用・運転資本投資**
　資金は、日常的な営業費用や運転資本としても使われます。

④ **売上入金**
　商品の販売やサービス提供に関連した売上（又は売上債権）の入金をします。

⑤ **資金の返済、又は①資金の調達…「財務活動によるキャッシュフロー」**
　フリーキャッシュフローがプラスであれば、借入金などの負債を返済できます。マイナスであれば、マイナスを埋めるために再度①の資金調達を行います。

資金の増減とキャッシュフロー計算書

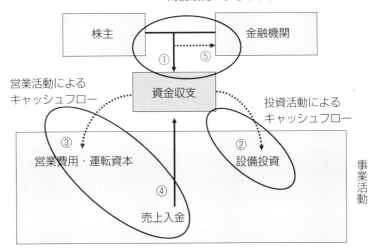

営業キャッシュフロー＝④＋③…「**営業活動によるキャッシュフロー**」
フリーキャッシュフロー＝④＋③＋②

　キャッシュフローが減ったか増えたかだけを見ていては、資金繰り管理になりません。事業活動を3種類の収支で管理すると、効果的な資金繰りが出来ます。不安のない資金繰りを目指すのであれば、フリーキャッシュフローのプラスを目標とします。

2 キャッシュフロー計算書の3つの区分

キャッシュフロー計算書は、キャッシュフローの計算区分を「営業活動によるキャッシュフロー」、「投資活動によるキャッシュフロー」、「財務活動によるキャッシュフロー」の3つに区分しています。

「営業活動によるキャッシュフロー」の区分には、
- 税引前当期純利益
- 減価償却費などの非資金費用
- 運転資本の増減等の取引に係るキャッシュフロー を記載します。

「投資活動によるキャッシュフロー」の区分には、
- 有形・無形固定資産の取得及び売却
- 資金の貸付け及び回収
- 現金同等物に含まれない有価証券及び投資有価証券の取得及び売却等の取引に係るキャッシュフロー を記載します。

「財務活動によるキャッシュフロー」の区分には、
- 借入れ及び株式又は社債の発行による資金の調達
- 借入金の返済及び社債の償還等の取引に係るキャッシュフロー を記載します。

(3つの収支の例)
Ⅰ 「営業活動によるキャッシュフロー」　　500
Ⅱ 「投資活動によるキャッシュフロー」　　－600
Ⅲ 「財務活動によるキャッシュフロー」　　150
Ⅳ 　差引合計　　　　　　　　　　　　　　 50

キャッシュフロー計算書のひな形

キャッシュフロー計算書
Ⅰ　営業活動によるキャッシュフロー 　　　税引前当期純利益 　　　減価償却費（＋） 　　　受取利息及び配当金（－） 　　　支払利息（＋） 　　　売上債権の増加（－）減少（＋）額 　　　棚卸資産の増加（－）減少（＋）額 　　　仕入債務の増加（＋）減少（－）額
小計 　　　利息及び配当金の受取額（＋） 　　　利息の支払額（－） 　　　法人税等の支払額（－）
営業活動によるキャッシュフロー
Ⅱ　投資活動によるキャッシュフロー 　　　有価証券の取得（－）売却（＋） 　　　有形・無形固定資産の取得（－）売却（＋）
投資活動によるキャッシュフロー
Ⅲ　財務活動によるキャッシュフロー 　　　短期借入金の増（＋）減（－） 　　　長期借入金の増（＋）減（－） 　　　配当金の支払（－）
財務活動によるキャッシュフロー
Ⅳ　現金及び現金同等物の増減額
Ⅴ　現金及び現金同等物の期首残高
Ⅵ　現金及び現金同等物の期末残高

3 貸借対照表の増減とキャッシュフロー計算書

　キャッシュフロー計算書は、資金の増減を活動区分別に整理し、成果の獲得とその利用・処分の状況から明らかにします。

　第9章6の設例（134頁）のキャッシュフローとキャッシュフロー成果（フリーキャッシュフロー）の違いをキャッシュフロー計算書で検証してみましょう。

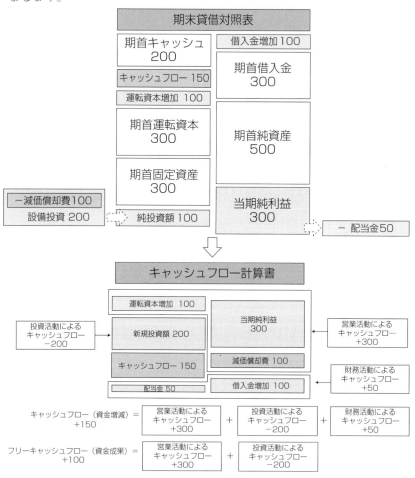

第10章 キャッシュフロー計算書からの説明ポイント

キャッシュフローの成果と分配

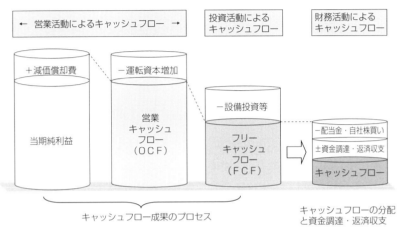

「キャッシュフロー成果」+「キャッシュフロー成果分配と資本調達・返済収支」=「キャッシュフロー」

　キャッシュフローベースの経営成果となるフリーキャッシュフローを計算する場合は、成果の分配や資金調達・返済収支は計算に入れません。ちょうど、会計利益の計算で配当金や借入金の返済額を差し引かないのと同じことです。

　キャッシュフローベースで、「キャッシュフロー成果」+「キャッシュフロー成果分配と資本調達・返済収支」=「キャッシュの増減」であり、営業キャッシュフローやフリーキャッシュフローは「経営成果」として算出されるものです。

4 キャッシュフロー計算書のパターン別分析

キャッシュフローは資金の増減として表されます。資金が増える場合と減る場合では、増える方が望ましいと考えられがちですが、必ずしもそうとは言えません。たとえば、資金が2千万円増加したとしても、借入金が1億円増加したのであれば、新しく資金成果を生み出したことにはなりません。

資金が増加した原因が、資産売却や借入金の増加・増資といった資金調達によるものではなく、企業活動の成果によるものである場合が望ましいキャッシュフローの増加と言えます。

また、資金が減少したからといって問題であるともかぎりません。たとえば資金が3千万円減少したとしても、他の資産負債に大きな変化がなく借入金が8千万円減少していれば、新たな資金成果があり、借入金の返済資金として利用されたと言えます。

すなわち、資金増減の結果だけでなく、そのプロセスを分析することが経営情報を知る上で重要になります。

キャッシュフロー計算書は、資金の増減とそのプロセスを明らかにする決算書です。

次のケース1とケース2の事例から、以上のことを確認してみましょう。

1 ケース1 黒字で、資金が増えても問題となるケース

(1) 貸借対照表と損益計算書による分析

さて、右頁の貸借対照表と損益計算書のみを用いて、経営状況を説明してみましょう。

キャッシュフロー計算書がない状態の決算説明です。

損益計算書では、営業利益も当期純利益も黒字として計上されています。貸借対照表の資金(資金=現預金とする)も、当期純利益の金額以上に増加しています。

黒字であり、資金も増加しているのであれば、「問題なし」と説明して良いでしょうか。

キャッシュフロー計算書がない状態でのケース1の分析

貸借対照表

	200X	200Y	増減		200X	200Y	増減
流動資産				流動負債			
現預金	4,393	5,325	932	支払手形・買掛金	1,760	2,051	291
受取手形・売掛金	4,625	6,700	2,075	短期借入金	5,997	7,417	1,420
棚卸資産	1,718	2,984	1,266	未払税金	0	0	0
有価証券	1,636	1,961	325	その他負債	0	0	0
その他資産	6,847	6,851	4	流動負債計	7,757	9,468	1,711
流動資産計	19,219	23,821	4,602	固定負債			
				長期借入金	20,058	29,316	9,258
				その他負債	1,598	1,601	3
有形・無形固定資産	9,100	13,660	4,560	固定負債計	21,656	30,917	9,261
投資等	20,446	22,870	2,424	純資産	19,352	19,966	614
総資産	48,765	60,351	11,586	負債・純資産合計	48,765	60,351	11,586

損益計算書

売上高	11,527
営業利益	2,688
営業外収入	
受取利息及び配当金	715
営業外費用	
支払利息	2,753
税引前当期純利益	650
法人税、住民税及び事業税	36
当期純利益	614

・減価償却費

製造費	販管費	合計
0	1,467	1,467

・有形・無形固定資産明細(簿価)

期首残高	当期取得	当期除売却	減価償却費	期末残高
9,100	6,027	0	-1,467	13,660

・剰余金処分

配当金	0
その他	0
	0

利益は営業利益も当期純利益も黒字
資金(現預金)は当期純利益の金額以上に増加

「問題なし」と言えるか

損益計算書では読めない問題が貸借対照表に現れている

○受取手形・売掛金 　　　○短期借入金
○棚卸資産 　　　　　　　○長期借入金
○有形・無形固定資産
○投資等

ケース1において、貸借対照表と損益計算書からだけでは、問題点を指摘することは難しく、仮に指摘できるとしても即座に見出すことは困難であると言えます。

貸借対照表をじっくりと読み込んで見ると、問題点が現れてきます。

黒字でありながら借入金が大幅に増加しているのはなぜか。

借入金の大幅な増加は資金不足となったことを意味しており、その原因は貸借対照表の左側に見ることができます。

運転資本の大幅な増加、すなわち受取手形・売掛金と棚卸資産の大幅な増加により、営業取引において現預金での回収を遅らせ、資金効率を悪化させています。

さらに、多額の設備投資など、固定資産の取得によって資金が流失しています。設備投資は、減価償却費との比較において多寡をとらえることができます。設備の当期での取得額は6,027であり、減価償却費計上額1,467の4倍以上に膨れあがっています。

このように、キャッシュフローの増減の原因と結果は貸借対照表の2期間比較によって可能になりますが、分析にはコツが必要となるでしょう。

(2) キャッシュフロー計算書による分析

右頁のようにキャッシュフロー計算書を作成すれば、キャッシュフローの増減の原因と結果は一目瞭然となります。

＊営業活動によるキャッシュフローのマイナス

運転資本の増加により資金化が遅れているため。

＊投資活動によるキャッシュフローのマイナス

設備投資が多額に行われているため。投資採算の事前評価は必須。

＊財務活動によるキャッシュフローのプラス

営業活動によるキャッシュフローと投資活動によるキャッシュフローがともにマイナスとなっているため。財務活動によるキャッシュフローは、他の2つのキャッシュフローの収支尻を合わせる。

ケース1のキャッシュフロー計算書での分析

キャッシュフロー計算書	
Ⅰ 営業活動によるキャッシュフロー	
税引前当期純利益	650
減価償却費（＋）	1,467
受取利息及び配当金（－）	△715
支払利息（＋）	2,753
売上債権の増加（－）減少（＋）額	△2,075
棚卸資産の増加（－）減少（＋）額	△1,266
その他資産の増加（－）減少（＋）額	△4
仕入債務の増加（＋）減少（－）額	291
その他負債の増加（＋）減少（－）額	3
小計	1,104
利息及び配当金の受取額（＋）	715
利息の支払額（－）	△2,753
法人税等の支払額（－）	△36
営業活動によるキャッシュフロー	△970
Ⅱ 投資活動によるキャッシュフロー	
有価証券の取得（－）売却（＋）	△325
有形・無形固定資産の取得（－）売却（＋）	△6,027
投資等の増加（－）減少（＋）	△2,424
投資活動によるキャッシュフロー	△8,776
Ⅲ 財務活動によるキャッシュフロー	
短期借入金の増（＋）減（－）	1,420
長期借入金の増（＋）減（－）	9,258
配当金の支払（－）	0
財務活動によるキャッシュフロー	10,678
Ⅳ 現金及び現金同等物の増減額	932
Ⅴ 現金及び現金同等物の期首残高	4,393
Ⅵ 現金及び現金同等物の期末残高	5,325

　利益がありながら資金化が遅れ（運転資本の増加)、営業活動によるキャッシュフローがマイナスになっています。営業活動によるキャッシュフローがマイナスであるということは、他人の資金を加えないと（借入金を頼りにしないと）日常的な資金繰りを賄えないことを意味します。営業活動によるキャッシュフローのマイナスが継続することは借入金の返済ができないことを意味しますので、何としても避けなければなりません。

　投資活動によるキャッシュフローは設備投資の収支であり、通常はマイナスです。営業活動によるキャッシュフローが将来において見込める範囲での設備投資を心がける（投資の採算性を考慮する）必要があります。

2 ケース2　資金が大幅に減少しても問題とならないケース

（1）　貸借対照表と損益計算書による分析

　別のケースとして、右頁の貸借対照表と損益計算書のみの情報から経営状況を説明してみましょう。

　損益計算書では営業利益も当期純利益も黒字として計上されていますが、貸借対照表の資金（資金＝現預金とする）は、大幅に減少しています。

　ケース2では、黒字でありながら資金が減少していると言うことは、まさに"勘定合って銭足らず"であり「問題あり！」となるのでしょうか。

　利益の行方を貸借対照表で探ってみると、現預金の減少の理由が理解できます。

　　利益は資金にプラスになっています。
　　それにもかかわらず、このケースでは大幅な資金のマイナス（流出）があります。
　　黒字において資金がマイナスとなる場合は、原則として以下の3つのケースが考えられます。

　　　　① 資産の取得（資金と資金以外の資産との交換取引）
　　　　② 負債の返済（資金による負債の返済取引）
　　　　③ 純資産の減少（剰余金の分配取引）

　ケース2の貸借対照表の増減分析から、黒字でありながら資金が大幅に減少した原因は、①による「有形・無形固定資産の取得」と②による「借入金の返済」であったことが分かります。

　なお、金額としては大きくありませんが、③による剰余金分配として300の配当金の支払があります。

　ケース2では、総資産（負債・純資産）額が減少したものの、貸借対照表のスリム化が行われており、意識的に資金の効果的な利用を考えた結果と言えます。

キャッシュフロー計算書がない状態でのケース2の分析

貸借対照表

	200X	200Y	増減		200X	200Y	増減
流動資産				流動負債			
現預金	21,356	16,025	-5,331	支払手形・買掛金	15,055	15,078	23
受取手形・売掛金	16,096	16,105	9	短期借入金	400	0	-400
棚卸資産	25	36	11	未払税金	1,420	1,436	16
有価証券	0	0	0	その他負債	1,450	1,463	13
その他資産	1,583	1,499	-84	流動負債計	18,325	17,977	-348
流動資産計	39,060	33,665	-5,395	固定負債			
				長期借入金	16,208	8,950	-7,258
				その他負債	40	39	-1
有形・無形固定資産	11,667	12,687	1,020	固定負債計	16,248	8,989	-7,259
投資等	11,198	11,198	0	純資産	27,352	30,584	3,232
総資産	61,925	57,550	-4,375	負債・純資産合計	61,925	57,550	-4,375

損益計算書

売上高	98,015
営業利益	6,628
営業外収入	
受取利息及び配当金	35
営業外費用	
支払利息	261
税引前当期純利益	6,402
法人税、住民税及び事業税	2,870
当期純利益	3,532

・減価償却費

製造費	販管費	合計
0	1,488	1,488

・有形・無形固定資産明細（簿価）

期首残高	当期取得	当期除売却	減価償却費	期末残高
11,667	2,508	0	-1,488	12,687

・剰余金処分

配当金	300
その他	0
	300

利益は営業利益も当期純利益も黒字
資金（現預金）は大幅に減少

「問題あり！」と言えるか

　貸借対照表の増減分析によって、「有形・無形固定資産の取得」と「借入金の返済」のために資金が使用されたことが分かります。

　貸借対照表の総額が減少し、スリム化されています。資本効率の向上をねらったものであり、望ましい財務施策と言えます。

(2) キャッシュフロー計算書による分析

ケース2では、キャッシュフロー計算書を作成することで、貸借対照表のスリム化が行われたことが分かります。

右頁のキャッシュフロー計算書のキャッシュフロー区分ごとに分析をしてみましょう。

＊営業活動によるキャッシュフローのプラス

運転資本はほとんど変化がなく、「税引前利益＋減価償却費－法人税等の支払額」の5,036（＝6,402＋1,488－2,854）に近似した、資金回収に無駄のない営業活動によるキャッシュフロー（5,135）が確保できています。

（法人税の支払額2,854＝法人税、住民税及び事業税2,870－未払税金の増加額16）

＊投資活動によるキャッシュフローのマイナス

減価償却費を上回る設備投資が行われています。減価償却費とほぼ同額の投資を現状維持とすると、拡大投資と言えます。この投資資金は営業活動によるキャッシュフローで全額を賄えています。すなわち他人の資金に頼らないで設備投資が行えており、採算性も考慮されていれば理想的なキャッシュフローパターンと言えます。

＊財務活動によるキャッシュフローのプラス

営業活動によるキャッシュフローと投資活動によるキャッシュフローを合わせた純現金収支（フリーキャッシュフロー）は2,627（＝5,135－2,508）のプラスです。フリーキャッシュフローは自由に利用・処分できるキャッシュフロー成果として、借入金の返済や配当金の支払資金に使用することができます。

財務活動によるキャッシュフローでは、短期及び長期借入金の差引返済額と配当金の支払の合計で7,958が使用されており、この金額はフリーキャッシュフローの2,627を5,331超えています。超過部分は資金（現金及び現金同等物）残高の取崩しで賄われています。

景気の先行きが不透明な時期に、余剰資金によって債務の返済を進めることは、将来の事業チャンスに備える意味で望ましい財務施策です。

ケース2のキャッシュフロー計算書での分析

キャッシュフロー計算書	
Ⅰ 営業活動によるキャッシュフロー	
税引前当期純利益	6,402
減価償却費（＋）	1,488
受取利息及び配当金（－）	△35
支払利息（＋）	261
売上債権の増加（－）減少（＋）額	△9
棚卸資産の増加（－）減少（＋）額	△11
その他資産の増加（－）減少（＋）額	84
仕入債務の増加（＋）減少（－）額	23
その他負債の増加（＋）減少（－）額	12
小計	8,215
利息及び配当金の受取額（＋）	35
利息の支払額（－）	△261
法人税等の支払額（－）	△2,854
営業活動によるキャッシュフロー	5,135
Ⅱ 投資活動によるキャッシュフロー	
有価証券の取得（－）売却（＋）	0
有形・無形固定資産の取得（－）売却（＋）	△2,508
投資等の増加（－）減少（＋）	0
投資活動によるキャッシュフロー	△2,508
Ⅲ 財務活動によるキャッシュフロー	
短期借入金の増（＋）減（－）	△400
長期借入金の増（＋）減（－）	△7,258
配当金の支払（－）	△300
財務活動によるキャッシュフロー	△7,958
Ⅳ 現金及び現金同等物の増減額	△5,331
Ⅴ 現金及び現金同等物の期首残高	21,356
Ⅵ 現金及び現金同等物の期末残高	16,025

純現金収支（フリーキャッシュフロー）＝営業活動によるキャッシュフロー
　　　　　　　　　　　　　　　　　＋投資活動によるキャッシュフロー

　フリーキャッシュフローは、借入金の返済、株主への利益還元、次期以降での設備投資、M&Aの資金源となる。

5 月次決算説明とキャッシュフロー計算書

月次決算においてもキャッシュフロー計算書を作成することは可能です。ただし、右頁のキャッシュフロー計算書のように各キャッシュフローの数値に大きなバラツキが生じることを理解しておく必要があります。

利益が期間に対応させて計算されるのに対し（期間損益計算）、キャッシュフローは調整されない生の資金データです。

右頁のキャッシュフロー計算書の会社は3月決算であり、5月の納税月には営業活動によるキャッシュフローが大幅なマイナスになっています。このことから、5月はキャッシュフロー成果が得られなかったとして望ましくなかったことになるのでしょうか。

そんなことはありません。

キャッシュフローは、法人税や消費税など税金の納税月や賞与の支払月には減少します。したがってキャッシュフロー計算書を説明する際には、特殊要因についての説明を補足する必要があります。

月次決算の主たる目的は、「**会社の利益の維持・成長、財政の安定・強化に必要な正しい情報をいち早く提供し、経営者に望ましい経営施策を促すこと**」にあり、5月の会計データは会社の利益や財政に問題が生じている訳ではないのです。

実際、5月の営業活動によるキャッシュフローはその前後月（4月と6月）より悪化しているように見えますが、特殊要因となる税金の支払を除けば、多くのキャッシュフローを生み出しています。

キャッシュフロー計算書の"特記事項"として説明を加えることで、5月の真のキャッシュフロー業績を説明し、マイナスによるミスリード（誤った解釈）を避けることができます。右頁下にあるように18,590の特殊要因を除いて（プラスして）計算すれば、5月の営業活動によるキャッシュフローは8,378のプラスになります。

キャッシュフロー計算書は月次で見るとバラツキが生じる

	キャッシュフロー計算書					
	4月	5月	6月	7月	8月	9月
営業活動 Ⅰ 営業活動によるキャッシュフロー						
税引前当期純利益	4,568	7,580	4,158	7,516	4,870	4,159
減価償却費（＋）	1,580	1,500	1,580	1,590	1,590	1,650
受取利息及び配当金（－）	△15	0	0	0	△5	△10
支払利息（＋）	12	65	13	14	12	75
売上債権の増加（－）減少（＋）額	536	△7,581	5,965	△7,650	2,575	1,982
棚卸資産の増加（－）減少（＋）額	△448	1,870	△106	367	△1,649	△1,348
その他資産の増加（－）減少（＋）額	△4	123	△136	19	125	△97
仕入債務の増加（＋）減少（－）額	△842	3,618	△3,756	4,216	△1,535	△2,156
その他負債の増加（＋）減少（－）額	1,206	△600	△2,400	1,260	△671	1,198
小計	6,593	6,575	5,318	7,332	5,312	5,453
利息及び配当金の受取額（＋）	0	15	0	0	5	10
利息の支払額（－）	△65	△12	△13	△14	△12	△75
法人税等の支払額（－）	0	△16,790	0	0	0	0
営業活動によるキャッシュフロー	6,528	△10,212	5,305	7,318	5,305	5,388
投資活動 Ⅱ 投資活動によるキャッシュフロー						
有価証券の取得（－）売却（＋）	0	0	0	0	0	0
有形・無形固定資産の取得（－）売却（＋）	0	△6,027	0	△594	0	△5,100
投資等の増加（－）減少（＋）	0	△2,424	0	0	0	0
投資活動によるキャッシュフロー	0	△8,451	0	△594	0	△5,100
財務活動 Ⅲ 財務活動によるキャッシュフロー						
短期借入金の増（＋）減（－）	0	15,000	△3,000	△5,000	△5,000	△5,000
長期借入金の増（＋）減（－）	△1,000	7,400	△1,000	△1,150	△1,150	△1,150
配当金の支払（－）	0	0	△350	0	0	0
財務活動によるキャッシュフロー	△1,000	22,400	△4,350	△6,150	△6,150	△6,150
Ⅳ 現金及び現金同等物の増減額	5,528	3,737	955	574	△845	△5,862
Ⅴ 現金及び現金同等物の期首残高	75,131	80,659	84,396	85,351	85,925	85,080
Ⅵ 現金及び現金同等物の期末残高	80,659	84,396	85,351	85,925	85,080	79,218

　5月はマイナスのため問題のある月に見えますが、納税月という特殊要因があります。納税によるキャッシュフローの減少について補足説明をする必要があります。
　(例) 5月の特記事項
　5月の営業活動によるキャッシュフローは以下の減額要因によってマイナスとなっています。

　　　未払消費税の納付（その他負債の減少項目）　　1,800
　　　法人税等の納付（法人税等の支払額）　　　　16,790
　　　　　　　　　　　　　　　　　　　　　　　18,590

6 キャッシュフロー計算書の要約情報

　月次決算ではキャッシュフロー計算書を除いて、貸借対照表と損益計算書のみで説明を行うのも良いでしょう。
　そもそもキャッシュフローデータは、月単位で評価できるものではありません。たとえば、前項のキャッシュフロー計算書で、5月は7月とほぼ同じ税引前当期純利益になっています。
　5月の税引前当期純利益　　7,580
　7月の税引前当期純利益　　7,516

　一方、営業活動によるキャッシュフローは5月が赤字で7月は税引前当期純利益とほぼ同程度の黒字になっています。
　5月の営業活動によるキャッシュフロー　　△10,212
　7月の営業活動によるキャッシュフロー　　　 7,318

　5月の営業活動によるキャッシュフローがマイナスになったのは、前項の特記事項にあるように納税が主な原因ですが、他にも多額のマイナス要因があります。それは売上債権の増加による△7,581です。
　売上債権の増加を起因とした営業活動によるキャッシュフローのマイナス要因は、7月にも7,650あります。
　それぞれ前の月より売上高が増加すると売上債権の増加となりますが、5月売上と7月売上の回収状況には差が見られます。5月に増加した売上債権は6月の売上債権の減少5,965により順調に回収されたことが分かりますが、7月に増加した売上債権は8月の売上債権の減少2,575と9月の売上債権の減少1,982に分割され、さらにこの2ヶ月の売上債権の減少額は6月の1ヶ月の減少額よりも少なくなっています。売上の内容や得意先が異なり支払条件に差がない場合には、何らかのトラブルが発生している可能性もあります。
　キャッシュフロー計算書で特に重要な、運転資本すなわち売上債権、棚卸資産、仕入債務の推移に注目することが重要であり、月次決算のキャッシュフロー計算書に代えて運転資本の推移データを使用するのも良いでしょう。

キャッシュフロー情報は時系列で分析する

	キャッシュフロー計算書						
		4月	5月	6月	7月	8月	9月	合計
営業活動	I　営業活動によるキャッシュフロー 　　税引前当期純利益	4,568	7,580	4,158	7,516	4,870	4,159	
	売上債権の増加（−）減少（＋）額　A	536	△7,581	5,965	△7,650	2,575	1,982	△4,173
	棚卸資産の増加（−）減少（＋）額　B	△448	1,870	△106	367	△1,649	△1,348	△1,314
	仕入債務の増加（＋）減少（−）額　C	△842	3,618	△3,756	4,216	△1,535	△2,156	△455
	営業活動によるキャッシュフロー	6,528	△10,212	5,305	7,318	5,305	5,388	19,632
	運転資本の増減額の推移（A＋B＋C）	△754	△2,093	2,103	△3,067	△609	△1,522	△5,942

5月：売上債権の回収が順調　　7月：売上債権の回収が遅れ気味
たな卸資産の増加傾向
運転資本の増加は翌月に解消（資金にプラス）　　運転資本の増加は解消されずに拡大（資金にマイナス）

　さて、どんな説明ができるでしょうか。

1．5月と7月はともに売上が増えて売上債権が増加しました。
2．一方、回収状況には差が見られます。
　　5月の売上債権の回収は順調
　　7月の売上債権の回収は遅れ気味
3．さらに8月以降の棚卸資産の増加が見られます。売上鈍化により在庫の過剰感が強まってきています。
　　対前月比で8月と9月が連続して増加
4．以上の状況は運転資本の増減額の推移で一目瞭然となっています。5月の売上債権の増加を主たる要因とした運転資本の増加は翌月に解消していますが、7月の同様の要因による運転資本の増加は翌月以降に解消されず、むしろさらなる運転資本の増加が生じています。これらは資金繰りにマイナスに働きます。

7 貸借対照表、損益計算書、資金の関係を理解するための演習

1 設例1（初級）

　AB株式会社の設立第1期における各種データは以下のとおりです。これらを参考にして、期末貸借対照表の太枠に数字を入れて完成させてください。

◇設立時の貸借対照表

期首貸借対照表

貸借対照表			
資産	金額	負債・純資産	金額
現預金	1,000	資本金	1,000
資産合計	1,000	負債・純資産合計	1,000

◇第1期の損益計算書

損益計算書

損益計算書	
売上高	0
売上原価	0
売上総利益	0
販売費及び一般管理費	300
営業利益	△300
法人税、住民税及び事業税	0
当期純利益	△300

①給与　　200
②事務所家賃　100

◇第1期末の貸借対照表

期末貸借対照表

貸借対照表			
資産	金額	負債・純資産	金額
現預金		借入金	500
		資本金	1,000
		利益剰余金	
資産合計		負債・純資産合計	

　期末に500の借入れを行いました。元金返済と利息の支払は翌期から発生するものとします。

第10章 キャッシュフロー計算書からの説明ポイント　*157*

第1期末の貸借対照表（設例1）

各勘定をブロックにして貸借対照表の増減をとらえてみましょう

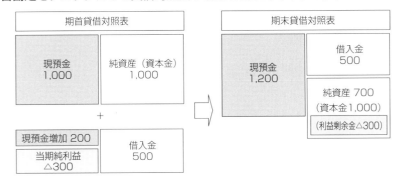

◇第1期末の貸借対照表（解答）

期末貸借対照表

貸借対照表			
資産	金額	負債・純資産	金額
現預金	1,200	借入金	500
		資本金	1,000
		利益剰余金	△300
資産合計	1,200	負債・純資産合計	1,200

◇資金の増減と現預金残高の確認

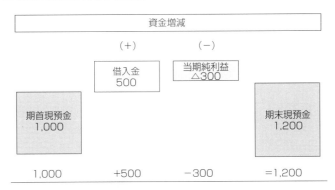

2　設例2（中級）

AB株式会社の第2期における各種データは以下のとおりです。これらを参考にして、期末貸借対照表の太枠に数字を入れて完成させてください。

◇第2期首の貸借対照表

期首貸借対照表

貸借対照表			
資産	金額	負債・純資産	金額
現預金	1,200	借入金	500
		資本金	1,000
		利益剰余金	△300
資産合計	1,200	負債・純資産合計	1,200

◇第2期の損益計算書

損益計算書

損益計算書	
売上高	3,000
売上原価	1,500
売上総利益	1,500
販売費及び一般管理費	500
営業利益	1,000
営業外費用　支払利息	50
税引前当期純利益	950
法人税、住民税及び事業税	260
当期純利益	690

①売上高　　　　　　　3,000
②売上原価（仕入）1,500

③給与　　　　　　　　400
④事務所家賃　　　　100

⑤支払利息　　　　　　50

（未払）

◇第2期末の貸借対照表

期末貸借対照表

貸借対照表			
資産	金額	負債・純資産	金額
現預金		借入金	
		未払法人税等	
		資本金	1,000
		利益剰余金	
資産合計		負債・純資産合計	

期末に借入金の元本を100返済しました。

第10章 キャッシュフロー計算書からの説明ポイント

第2期末の貸借対照表（設例2）

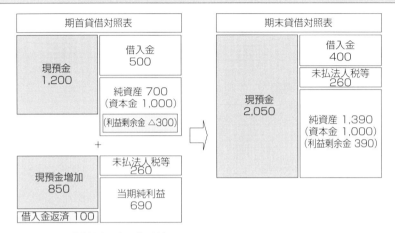

◇第2期末の貸借対照表（解答）

期末貸借対照表

資産	金額	負債・純資産	金額
現預金	2,050	借入金	400
		未払法人税等	260
		資本金	1,000
		利益剰余金	390
資産合計	2,050	負債・純資産合計	2,050

◇資金の増減と現預金残高の確認

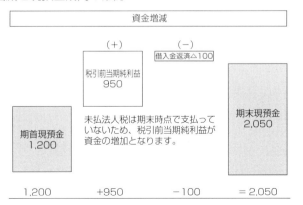

3　設例 3（上級）

AB 株式会社の第 3 期における各種データは以下のとおりです。これらを参考にして、期末貸借対照表の太枠に勘定科目と数字を入れて完成させてください。

◇第 3 期首の貸借対照表

期首貸借対照表

貸借対照表			
資産	金額	負債・純資産	金額
現預金	2,050	借入金	400
		未払法人税等	260
		資本金	1,000
		利益剰余金	390
資産合計	2,050	負債・純資産合計	2,050

◇第 3 期の損益計算書

損益計算書

損益計算書				
売上高		5,000	①売上高	5,000
売上原価		2,500	②売上原価	2,500
売上総利益		2,500	③給与	710
販売費及び一般管理費		1,460	④減価償却費	250
営業利益		1,040	⑤その他経費	500
営業外費用				
支払利息		40	⑥支払利息	40
税引前当期純利益		1,000		
法人税、住民税及び事業税		400		
当期純利益		600	（未払）	

◇第 3 期末の貸借対照表

期末貸借対照表

貸借対照表				
資産	金額	負債・純資産	金額	（期末残高）
現預金				売掛金　500
		借入金		商品　200
		未払法人税等		買掛金　310
		資本金	1,000	（投資額）
		利益剰余金		備品　1,000
資産合計	3,000	負債・純資産合計	3,000	

期首に備品を1,000で取得しており（損益計算書に減価償却費が250計上）、期末において売掛金500、商品200、買掛金310の残高があります。なお期末に借入金の元本を100返済しました。

第3期末の貸借対照表（設例3）

期首貸借対照表

- 現預金 2,050
- 借入金 400
- 未払法人税等 260
- 純資産 1,390
  - （資本金 1,000）
  - （利益剰余金 390）

＋

- 売掛金 500
- 商品 200
- 備品 750（取得価額 1,000 －減価償却費 250）
- 期首未払法人税等 260
- 借入金返済 100
- 現預金減少 500
- 買掛金 310
- 未払法人税等 400
- 当期純利益 600

期末貸借対照表

- 現預金 1,550
- 売掛金 500
- 商品 200
- 備品 750（取得価額 1,000 －減価償却費 250）
- 買掛金 310
- 借入金 300
- 未払法人税等 400
- 純資産 1,990
  - （資本金 1,000）
  - （利益剰余金 990）

◇第3期末の貸借対照表（解答）

期末貸借対照表

貸借対照表			
資産	金額	負債・純資産	金額
現預金	1,550	買掛金	310
売掛金	500	借入金	300
商品	200	未払法人税等	400
備品	750	資本金	1,000
		利益剰余金	990
資産合計	3,000	負債・純資産合計	3,000

資金の増減と現預金残高の確認

　設例3の資金の増減と現預金残高の確認は、設例1や設例2とは違って複雑です。

　資金増減についての知識の整理をしつつ、利益とキャッシュフローの違いについても確認してみましょう。

① 「税引前当期純利益」は資金のプラス

　利益は「収益−費用」で計算されます。ここで税引前当期純利益が資金（キャッシュフロー）のプラスになっているのは、収益はすべて入金済み、費用はすべて支払済みであるという前提で計算しているからです（実際はそのとおりではないので、後に調整計算を行う）。

　利益について、税引後ではなく税引前としているのは、法人税、住民税及び事業税の金額を支払っているわけではないからです。すなわち、税金については実際の支払額を資金のマイナスとします。この設例で第3期の税金の支払額は前期の未払法人税の納付額のみで、③において資金のマイナスとしています。

　税引前当期純利益が資金増減の計算で最初に出ているのは、キャッシュフロー計算書の「営業活動によるキャッシュフロー」の最初に出てきているのと同じ理屈です。

② 減価償却費は資金のプラス

　①のとおり、資金増減の計算では税引前当期純利益の計算における費用はすべて支払済みであるという前提で行っていますが、減価償却費は支払費用ではないため、プラスして実際の支払費用のみのマイナスとする調整を行っています。

③ 未払法人税の納付は資金のマイナス

　マイナスとしている未払法人税は期首の残高です。この金額は前期の確定納付額であり、当期の損益と関係なく支払っていますのでマイナスとしています。

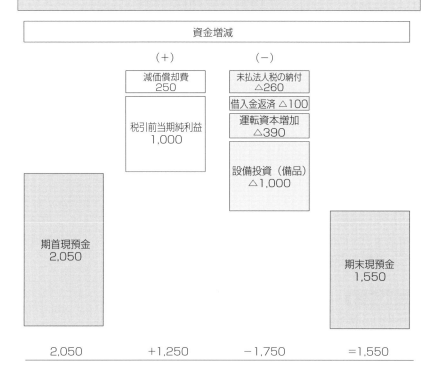

④ 運転資本の増加は資金のマイナス

①の前提、すなわち収益はすべて入金という点については、実際には期末時点で必ずしも入金されない売上もあります。また、売上原価は売上に対応する仕入が集計されており、期末の商品在庫がある場合には仕入と売上原価は一致しません。資金の支払としては売上原価ではなく、実際の仕入が対象になります。また仕入と仕入支払額は異なります。

これらについては、次章で詳しく解説します。

> **Q&A⑧　社長の疑問** なぜ運転資本の増加は資金のマイナスになるのか
>
> 　運転資本（売上債権＋棚卸資産－仕入債務）の増加は資金のマイナス、すなわち売掛金や棚卸資産が増えると資金のマイナス（良くないこと）、買掛金が増えると資金のプラス（良いこと）になるのはなぜでしょうか。売掛金や棚卸資産といった資産が増えるのは良いことで、買掛金という負債が増えるのは問題だと思うのですが…。

● 回答1 ●

　現預金と売掛金と棚卸資産、これらはすべて資産です。資産総額をどのような形で持っているかと考えると理解しやすいでしょう。右頁の図のように、現預金以外の資産が増えれば（多く持つようになれば）、現預金は減少します。反対に買掛金が増えれば、貸借対照表の天井が上がるようにして現預金は増えます。ただし、この現預金は負債とともに増えるので、支払を先延ばしにした仕入先のお金と考えて資金繰り管理すべきでしょう。

● 回答2 ●

　具体的に設例3のケースを用いて説明しましょう。
　　売上高5,000　　売上原価2,500
　　期末残高　売掛金500　商品200　買掛金310（それぞれ期首はゼロ）

　設例3では、まず利益を資金のプラスとしています。これは、売上高は資金のプラス、売上原価は資金のマイナスととらえているためです。しかし、売掛金は売上の未入金部分なので、実際の売上入金額は売掛金増加額を売上高から控除（資金のマイナス）されたものになります。
　一方、実際の仕入支払額は売上原価とは一致しません。支払対象となる仕入高は売上原価に棚卸資産増加額を加え（資金のマイナス）、その仕入高のうちから買掛金の増加を控除した（支払のマイナス（＝資金のプラス））金額が仕入支払額となります。
　以上のように、売掛金や棚卸資産が増えると資金のマイナス、買掛金が増えると資金のプラスとなります。

第10章　キャッシュフロー計算書からの説明ポイント　*165*

なぜ運転資本の増加が資金のマイナスになるのか

（回答1の図解）

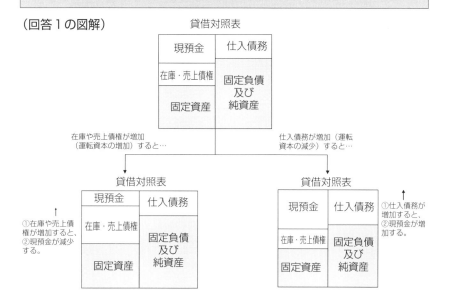

（回答2の図解）

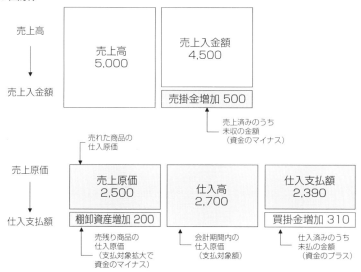

第11章

年度決算書から未来を読んで説明する

時系列分析で未来を読む

1 なぜ赤字が連続するのか

　年度決算書を数年間分並べてみると、月次決算では気づかない変化を読むことができます。
　右頁にある株式会社ABCのX01期からX05期までの5年間の損益計算書から、赤字の原因分析と業績改善への道を探りましょう。

1　実績分析

　過去5年間はすべて赤字決算になっています。
　月次損益計算書の見方と同じように、年度損益計算書もまず利益に注目し、赤字の原因を売上高と売上原価、そして販売費及び一般管理費にさかのぼって分析してみましょう。
　たとえば営業利益に注目し、その推移をみると、赤字の幅は拡大傾向にあることが分かります。
　営業利益だけを見ても原因は分かりません。原因は営業利益が算出される前までの項目にあるからです。
　販売費及び一般管理費、そして**売上総利益**と**売上高**を見ると、営業利益の増減には **2つの力**が作用していることが分かります。

　2つの力とは何でしょうか。
　ヒントは売上高と営業利益の推移について不思議な現象が起きていることです。この点に注目してください。

　つまり、売上高が減少している割には営業利益の赤字幅は拡大していないということです。本来ならば、もっと赤字の幅は拡大しているはずです。

時系列分析ができれば先が読めてくる

比較損益計算書

株式会社ABC　　　　　　　　　　　　　　　　　　　　　　　　　　　　　　　　単位：千円

		X01期 (X01/4〜X02/3)	X02期 (X02/4〜X03/3)	X03期 (X03/4〜X04/3)	X04期 (X04/4〜X05/3)	X05期 (X05/4〜X06/3)
	売上高	869,854	851,654	842,650	821,598	817,895
	売上原価	514,954	497,366	486,209	472,419	464,564
	売上総利益	354,900	354,288	356,441	349,179	353,331
	売上総利益率	40.8%	41.6%	42.3%	42.5%	43.2%
販売費及び一般管理費	給料手当	221,548	219,844	220,486	215,477	218,456
	法定福利費	41,806	40,057	41,643	40,694	41,323
	福利厚生費	2,659	2,638	2,646	2,586	2,621
	荷造発送費	10,438	10,220	10,112	9,859	9,815
	広告宣伝費	3,545	3,654	3,426	3,513	3,497
	交際費	4,862	5,118	5,271	5,166	5,721
	会議費	1,845	1,699	1,838	1,715	1,708
	旅費交通費	10,278	12,456	11,873	11,021	9,924
	通信費	3,502	3,462	3,434	3,045	3,154
	消耗品費	1,421	1,187	1,268	1,008	1,546
	事務用消耗品費	756	687	896	756	803
	修繕費	1,423	1,542	1,746	1,792	1,648
	水道光熱費	3,012	2,876	2,987	2,846	2,890
	減価償却費	15,456	15,789	16,245	17,458	19,453
	地代家賃	42,165	45,871	45,607	46,218	45,689
	その他	8,452	7,895	8,713	7,462	7,540
	販管費合計	373,168	374,995	378,191	370,616	375,788
	営業利益	-18,268	-20,707	-21,750	-21,437	-22,457
営業外収益	受取利息	16	14	14	12	11
	受取配当金	586	586	210	41	8
	事業利益	-17,666	-20,107	-21,526	-21,384	-22,438
営業外費用	支払利息	2,456	2,846	3,687	4,502	5,483
	雑損失	0	43	0	0	39
	経常利益	-20,122	-22,996	-25,213	-25,886	-27,960
	特別損益差引計	0	0	-1,024	-618	-106
	税引前当期純利益	-20,122	-22,996	-26,237	-26,504	-28,066
	法人税、住民税及び事業税	180	180	180	180	180
	当期純利益	-20,302	-23,176	-26,417	-26,684	-28,246

営業利益の増減への２つの力の作用

1．積極的な力の作用

　　売上の減少はあるものの、売上原価削減が進んでおり売上総利益はほとんど減少していない。売上原価の削減努力により、営業利益の落ち込みを抑える力が作用している。

2．消極的な力の作用

　　売上の減少を上回る売上原価の削減ができている一方で、販売費及び一般管理費は３億７千万円台から削減できていない。変化なしという点で、消極的な作用として営業利益の回復を妨げる力となっている。

2 コスト削減はスピードが勝負

株式会社 ABC のケースでは、今のうちに業績改善の手を打たなければなりません。残された時間は多くありません。

1 将来分析

「残された時間は多くありません」と言うのはなぜでしょう。

答えは損益計算書の営業利益以下の項目に現れています。

損益計算書の営業利益に受取利息と配当金を加えた事業利益は、利益の集合した企業の業績数値としてもっとも大きい金額です。利益が運ばれてくる路線の目的地、いわば利益路線の中央駅が事業利益です。この事業利益までが利益路線の"上り"です。

事業利益から先が利益路線の"下り"として、利益が分配されていきます。

事業利益が継続して赤字であり、さらに支払利息が徐々に増加している点が問題の深刻さを表しています。

X05期の支払利息は4年前（X01期）の2倍以上になっています。この期間の借入金利に大きな変化がなければ、借入金残高も2倍以上となっているはずです。

この設例の株式会社 ABC のように、赤字幅の拡大が緩やかなときこそ、経営改善への"行動"が遅れないように注意しなければなりません。

景気が回復して売上高が増加するのを待つ、という経営判断は危険です。景気の回復は経営努力の及ばない話だからです。

もしX02期の事業利益が－41,633千円（X02期とX03期の合計）だったとしたら、あまりに急激な赤字拡大を前に景気回復を待とうという余裕のある判断はされなかったでしょう。コスト削減への早い行動を起こしたはずです。

借入金利を2％と仮定して借入金残高を計算すると、X05期の期中平均残高は274,150千円（＝5,483千円÷2％）となるので、これ以上の赤字継続は事業継続そのものを困難とさせるでしょう。

第11章 年度決算書から未来を読んで説明する

"利益路線"の上り（獲得）と下り（分配）

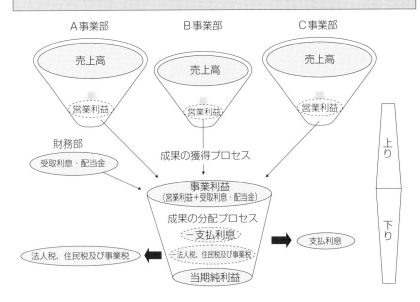

利益路線の下りを見ると「残された時間は多くない」と言える

株式会社ABC　　　　　　　　　　　　　　　　　　　　　　　　　　　単位：千円

		X01期 (X01/4～X02/3)	X02期 (X02/4～X03/3)	X03期 (X03/4～X04/3)	X04期 (X04/4～X05/3)	X05期 (X05/4～X06/3)
事業利益		-17,666	-20,107	-21,526	-21,384	-22,438
営業外費用	支払利息	2,456	2,846	3,687	4,502	5,483
	雑損失	0	43	0	0	39
経常利益		-20,122	-22,996	-25,213	-25,886	-27,960
特別損益差引計		0	0	-1,024	-618	-106
税引前当期純利益		-20,122	-22,996	-26,237	-26,504	-28,066
法人税、住民税及び事業税		180	180	180	180	180
当期純利益		-20,302	-23,176	-26,417	-26,684	-28,246

　正しい経営行動に遅すぎるということはありません。大幅な販売費一般管理費のコスト削減は、もはや待ったなしです。

3 利益を大幅に増やすための提案ができるか

利益が黒字であったとしても、会社の本来の収益力を生かしきれていない場合もあります。

利益をさらに上積みできる可能性がないか、右頁のZAX株式会社のケースで考えてみましょう。

ZAX株式会社は商業地として好条件の場所にビルを所有しています。ビルのほとんどをテナント貸ししていますが（不動産賃貸事業）、一部についてはレストラン（レストラン事業）と食料品販売（食料品販売事業）の店舗として自己で使用しています。

1 収益の柱はどこか

損益計算書にみるこの会社の強みは、営業利益の安定性です。20百万円前後の利益が確保されており、240百万円の売上から考えれば、決して悪い数字ではありません。

営業利益が安定している要因は、不動産賃貸事業の売上高が安定して推移しており、売上原価も低く、多額の売上総利益が確保できていることにあります。会社全体の売上総利益は不動産賃貸事業によって稼いでいると言えます。

2 課題と収益向上のタネ

会社の売上総利益が不動産賃貸事業単独で確保されているということは、他の事業では利益が出ていないことを意味しています。

経営判断としては、自己で経営していたレストラン事業と食料品販売事業から撤退し、そのエリアをテナント貸しに転用すれば、利益は大幅にアップするでしょう。

ところが、望ましいと考える経営判断でもこれを実行に移すのを躊躇させる力も働きます。それはレストランや食料品販売の撤退による事業撤退損を避けようとする力です。これが利益を生み出すチャンスを逃しているのです。転用効果は右頁の売上総利益率の違いで分かるように、極めて大きいのです。過去の損ではなく、将来の利益を見るという当たり前の経営判断を促す提案力が求められます。

第11章　年度決算書から未来を読んで説明する　*173*

利益の上り（獲得）、利益の下り（分配）

比較損益計算書（X01期～X04期）

ZAX株式会社　　　　　　　　　　　　　　　　　　　　　　　単位：千円

		X01期	X02期	X03期	X04期
Ⅰ	売上高				
	1　レストラン事業	41,751	39,066	38,546	38,556
	2　食料品販売事業	18,762	17,683	18,036	18,830
	3　不動産賃貸事業	175,568	177,714	181,835	181,160
	4　その他の事業	7,895	7,249	7,540	7,498
	計	243,976	241,712	245,957	246,044
Ⅱ	売上原価				
	1　レストラン事業	43,838	40,743	40,858	41,640
	2　食料品販売事業	16,589	15,983	16,507	17,064
	3　不動産賃貸事業	89,052	90,719	89,547	90,559
	4　その他の事業	6,868	6,379	6,559	6,448
	計	156,347	153,824	153,471	155,711
	売上総利益	87,629	87,888	92,486	90,333
Ⅲ	販売費及び一般管理費				
	1　人件費	45,625	44,987	45,287	46,856
	2　管理費	12,546	13,054	13,490	13,784
	3　その他	9,916	12,352	12,628	10,191
	計	68,087	70,393	71,405	70,831
	営業利益	19,542	17,495	21,081	19,502
Ⅳ	営業外収益	234	207	186	141
Ⅴ	営業外費用				
	支払利息割引料	9,354	9,577	8,895	9,421
	その他	527	618	2,913	779
	計	9,881	10,195	11,808	10,200
	経常利益	9,895	7,507	9,459	9,443
Ⅵ	特別利益	267	4,137	3,020	1,285
Ⅶ	特別損失	6,444	4,544	384	1,099
	税引前当期純利益	3,718	7,100	12,095	9,629
	法人税、住民税及び事業税	1,338	2,840	5,202	4,098
	当期純利益	2,380	4,260	6,893	5,531

〈各事業部の売上総利益率〉

	X01期	X02期	X03期	X04期
レストラン事業	-5.0%	-4.3%	-6.0%	-8.0%
食料品販売事業	11.6%	9.6%	8.5%	9.4%
不動産賃貸事業	49.3%	49.0%	50.8%	50.0%

　たとえば、レストラン事業で使用していた店舗部分をテナント貸し（不動産賃貸事業）に転用するとします。X04期の実績売上総利益率を参考とすると、賃貸収入部分につき売上高の58％（＝50％－（－8％））の利益増が期待できます。

4 借金の水準は適正かどうかの説明

「当社の借金の水準は適正といえるでしょうか。」
ZAX株式会社の社長からこのような質問を受けた場合、どのように答えたら良いでしょうか。

1 貸借対照表の現状と変化を読む

質問の回答を考える前に、ZAX株式会社の貸借対照表の現状と変化を見てみましょう。

総資産額はほとんど変化していません。

これは損益計算書の売上高の推移において大きな変動がないことと対応しており、どちらかというと積極的にリスクをとる会社ではないことを意味しています。リスクを積極的に取らなくても売上高や利益、その結果としてのキャッシュフローを安定して確保できているというのは、この会社の強みであり、恵まれている証拠です。これは好条件の場所に賃貸ビルを所有していることによるものです。

さて、財政状態の現状として、X04期における負債・純資産残高656,567千円のうちの負債総額は529,029千円であり、負債の割合は8割（≒529,029千円÷656,567千円）です。負債・純資産残高における負債残高の割合は極めて大きく、安心できる財政状態ではありません。

ただし、財政状態の変化については、負債総額はX01期の541,437千円からX04期の529,029千円へと減少しています。

貸借対照表における総資産額に大きな変化がなく、黒字が継続しているのであれば、負債の返済は可能となっているはずです。利益の継続（＝その他利益剰余金の増加）は貸借対照表右側の増加となり、資産の増加（貸借対照表左側の増加）、あるいは負債の減少（貸借対照表右側の減少）を可能にします。

財政状態の現状として負債の残高は相対的に大きいですが（現状）、負債の減少が続いている点（変化）は望ましい方向として評価できそうです。

貸借対照表の現状と変化

比較貸借対照表（X01期〜X04期）

ZAX 株式会社　　　　　　　　　　　　　　　　　　　　　　　　　　　　単位：千円

	X01期	X02期	X03期	X04期
（資産の部）				
Ⅰ　流動資産				
現金及び預金	47,097	49,013	44,683	49,099
売掛金	17,904	16,587	15,968	15,176
棚卸資産	14,036	15,558	16,005	14,526
その他の流動資産	31,332	33,548	31,726	36,209
貸倒引当金	-175	-164	-149	-114
計	110,194	114,542	108,233	114,896
Ⅱ　固定資産				
1　有形固定資産				
建物	105,755	103,565	108,542	106,793
工具器具備品	11,859	11,178	14,704	13,890
土地	384,492	384,492	384,492	384,492
その他	6,206	5,393	5,134	4,253
2　無形固定資産	4,504	4,358	4,407	4,197
3　投資その他の資産	28,719	29,768	28,765	28,046
計	541,535	538,754	546,044	541,671
資産合計	651,729	653,296	654,277	656,567
（負債の部）				
Ⅰ　流動負債				
買掛金	27,654	25,125	24,085	23,078
短期借入金	62,256	60,880	48,952	36,760
1年以内返済予定の長期借入金	42,091	41,144	36,695	38,150
その他の流動負債	14,093	20,686	19,670	20,178
計	146,094	147,835	129,402	118,166
Ⅱ　固定負債				
社債	78,000	78,000	112,000	112,000
長期借入金	210,455	205,721	183,475	190,754
預り敷金	100,313	100,313	100,313	100,313
その他の固定負債	6,575	6,718	7,273	7,796
計	395,343	390,752	403,061	410,863
負債合計	541,437	538,587	532,463	529,029
（純資産の部）				
Ⅰ　資本金	70,000	70,000	70,000	70,000
Ⅱ　資本準備金	16,236	16,236	16,236	16,236
Ⅲ　利益準備金	4,715	4,872	5,084	5,277
Ⅳ　その他利益剰余金	19,341	23,601	30,494	36,025
純資産合計	110,292	114,709	121,814	127,538
負債・純資産合計	651,729	653,296	654,277	656,567

2　借金の水準の適正性をどう評価するか

　負債が総資本（負債・純資産）の8割を占める現状では、借金の水準も適正とは言えないのではないか…。
　この質問に対する回答が以下のようではどうでしょうか。
　「総資本の中における負債のウェイトが高く、その負債の多くの部分を占める借金（社債も含む）も、多すぎると考えます。」

　この回答でも悪くはありませんが、社長は説得力に欠けると感じるでしょう。回答する本人も自覚しているはずです。なぜならば、客観的かつ具体的な回答にはなっておらず、説明者本人がこの質問への回答に自信が持てていないからです。自信のある回答ができたときこそ、相手に強い説得力を感じさせることができるのです。
　社長が「なるほど！」と納得できる回答を準備するために、回答者は質問者の立場に立って考えることが大切です。

　説得力の強い回答をするには、このケースでは2つのアプローチが可能です。
　　1．返済原資は確保できているか
　　2．十分な返済ができているか

　1．の「返済原資は確保できているか」については、返済原資としてフリーキャッシュフローを計算します。このフリーキャッシュフローによって次のビル立替え予定時までに返済可能であれば適正な水準の借金と言えるでしょう。
　2．の「十分な返済ができているか」については、現実の返済実績から将来を予測します。当初の予定どおりの返済が進んでいるかどうかで、適正な水準の借金かどうかを判断します。
　実は、この2つは原因と結果の関係にあります。2の返済実績は結果であり、その原因は1の返済原資です。説明を受ける立場で考えれば、実績となる結果からの回答の方が、説得力のある回答と感じるでしょう。
　右頁で「2．十分な返済ができているか」を検証してみましょう。

このままのペースで返済に何年かかるのか

Step1. 有利子負債（借金）の返済実績を計算する

ZAX 株式会社　　　　　　　　　　　　　　　　　　　　　　単位：千円

	X01期	X02期	X03期	X04期
(負債の部)				
Ⅰ 流動負債				
買掛金	27,654	25,125	24,085	23,078
短期借入金	62,256	60,880	48,952	36,760
1年以内返済予定の長期借入金	42,091	41,144	36,695	38,150
その他の流動負債	14,093	20,686	19,670	20,178
計	146,094	147,835	129,402	118,166
Ⅱ 固定負債				
社債	78,000	78,000	112,000	112,000
長期借入金	210,455	205,721	183,475	190,754
預り敷金	100,313	100,313	100,313	100,313
その他の固定負債	6,575	6,718	7,273	7,796
計	395,343	390,752	403,061	410,863
負債合計	541,437	538,587	532,463	529,029
有利子負債合計	392,802	385,745	381,122	377,664

返済額　15,138

Step2. 年平均返済実績を計算する

　3年間の返済額を3で割って、1年あたりの平均返済実績を計算すると、以下のように5,046千円となります。

$$15,138千円 \div 3（年）＝5,046千円$$

Step3. 実績ペースによる有利子負債の返済必要年数を計算する

　今後、Step.2による実績ペースで返済するとして、X04期の有利子負債を完済するまでに必要な年数を計算します。

$$377,664千円 \div 5,046千円 \fallingdotseq 75年$$

（社長からの質問への回答例）

　75年という返済年数は極めて長く、借金残高は多額で財政状態は危機的な状況です。今後のメンテナンス、大規模改修に必要な資金、経済環境や金利水準の変動リスクを考えると、前に提案した自己使用店舗のテナント貸しへの転用によって収益力を高め、有利子負債の返済ピッチを今すぐにでも早める必要があります。

5 資金成果の使い途で経営の安定度が読める

利益を計上したことによって増えた資金は、何に使用するのが望ましいでしょうか。

右頁では利益による資金の増加がどのように使われるか、期首の貸借対照表から期末の貸借対照表への変化によって説明しています。

利益を計上すると、貸借対照表の利益剰余金は増加します。

もし仮に、右頁の貸借対照表のように現預金以外の資産や負債、そして資本金の期首と期末の残高が同じで、剰余金の増減が当期純利益以外になければ、当期純利益の金額に相当する資金が増加します。

現実には利益と資金の増減、すなわちキャッシュフローは同じにはなりません。当然のことながら資産、負債、純資産が期首と期末と同じではなく、変化するからです。

右頁の期末貸借対照表の「資金の増加」枠は、減価償却によって広がり（資金のプラスに）、設備投資や売上債権、棚卸資産の増加で狭く（資金のマイナスに）なります。

いずれにせよ、利益（当期純利益）は資金の増加要素になります。増加した資金をどのように利用するかを貸借対照表で考え、目標設定すると、将来を見据えた財務施策として戦略的な説明ができるでしょう。

資金の利用使途としては、主に以下の3つが考えられます。

　　　　①設備投資の資金
　　　　②借入金の返済資金
　　　　③配当金の支払資金

どのように利用するのが良いかは、現在の経営状況によって判断すると良いでしょう。

通常であれば①が優先され、③はその結果と考えることが多いと思われますが、これを逆にしてみてください。つまり、どのような経営環境であっても③を安定的かつ継続的に行うことを優先するのです。お金の使い方が変わります。株主が満足できる十分な配当金支払資金を安定的・継続的に確保することを経営目標とすれば、収益を生まない無駄な資金流出は抑制されます。これが資本コストを意識する経営です。

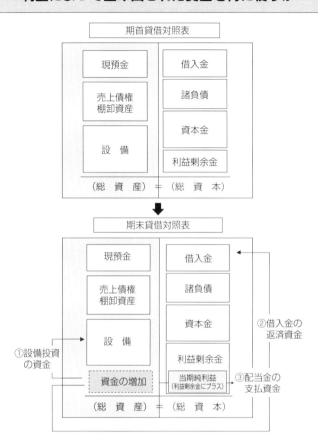

　景況感が改善し、事業チャンスがあるときには資金を設備投資資金として積極的に利用します。利益は利益を生むために使うのが原則です。
　設備投資のニーズがないときには、将来のチャンスに備えるために②の借入金の返済資金として利用します。大きなジャンプの前には、事業リスクを取れるように財務安全の体勢を整えます。
　株主への利益還元は、安定的かつ継続的に行うことが必要です。常に①を最優先に考える企業ほど、投資の失敗の可能性は高くなるでしょう。

6 ケーススタディ 経営安定企業の資金の使い方

　利益と違い、期間に合わせた調整がされていないキャッシュフローは、経営現場の生の情報を伝えます。

　経営現場に立った情報解析と決算説明を行う上で、キャッシュフロー情報は有力なデータとして活用すべきです。

　さて、右頁は花王の過去12年間のキャッシュフロー計算書の情報です。

　注目すべきは、営業活動によるキャッシュフローが1千億円台で安定的に計上されていることです。

　この営業活動によるキャッシュフローの安定度は、何によってもたらされているのでしょうか。

　営業活動によるキャッシュフローが長期にわたって安定的であるとしたら、その要因はただ1つしか考えられません。最初に表示されている"利益"の安定です。

　2006年3月期を除き、投資活動によるキャッシュフローは営業活動によるキャッシュフローの半分程度になっています。おおむね償却費の枠内で投資が賄われており、採算を重視した投資選別が行われていると考えられます。

　フリーキャッシュフロー（＝「営業活動によるキャッシュフロー」＋「投資活動によるキャッシュフロー」）の使い途は、財務活動によるキャッシュフローで明らかになっています。

　安定的かつ継続的な配当が行われつつ、有利子負債の返済が優先されています。2006年3月期のカネボウ化粧品の買収という大きなリスク取得（大型M&A）は財務の健全性を高めた上で行われています。攻めの経営の前に防御を固めたと言えるでしょう。そして翌2007年3月期以降は、M&Aによって増加した有利子負債の返済を進めています。

第11章 年度決算書から未来を読んで説明する

花王のキャッシュフロー計算書にみる資金の使い方

連結キャッシュフロー計算書

花王株式会社（単位：億円）

科目	1999年3月期	2000年3月期	2001年3月期	2002年3月期	2003年3月期	2004年3月期
I 営業活動によるキャッシュフロー						
税金等調整前当期純利益	604	931	1,018	1,079	1,125	1,171
減価償却費	712	672	588	584	583	581
持分法による投資損益	△11	△18	△11	8	△12	△4
売上債権の増減額	121	△1	△63	37	118	△44
棚卸資産の増減額	133	103	△9	64	△13	△13
仕入債務の増減額	△94	27	△42	△43	△88	88
退職給付引当金の増減額	-	△3	117	82	83	△83
法人税等の支払額	△239	△278	△478	△561	△531	△535
その他	290	142	110	57	76	17
合計	1,516	1,576	1,229	1,309	1,341	1,179
II 投資活動によるキャッシュフロー						
有形固定資産の取得による支出	△508	△380	△412	△524	△433	△395
無形固定資産の取得による支出	△183	△18	△185	△31	△461	△89
その他	△49	△15	△75	△220	119	111
合計	△741	△414	△673	△776	△775	△373
III 財務活動によるキャッシュフロー						
社債・借入金の増減額	△383	△206	△105	△150	△68	49
自己株式の取得による支出	0	△295	△286	△575	△803	△371
配当金の支払額	△97	△114	△137	△155	△170	△182
その他	0	0	8	19	0	11
合計	△481	△615	△521	△862	△1,041	△493
IV 現金及び現金同等物に係る換算差額	△32	△40	19	34	△26	△24
V 現金及び現金同等物の増減額	260	505	54	△295	△502	287
VI 現金及び現金同等物の期首残高	713	974	1,479	1,534	1,249	756
VII 新規連結及び連結除外に伴う現金及び現金同等物増減額	0	0	0	9	9	26
VIII 現金及び現金同等物の期末残高	974	1,479	1,534	1,249	756	1,071

科目	2005年3月期	2006年3月期	2007年3月期	2008年3月期	2009年3月期	2010年3月期
Ⅰ 営業活動によるキャッシュフロー						
税金等調整前当期純利益	1,196	1,169	1,171	1,103	920	829
減価償却費	567	607	921	934	874	847
持分法による投資損益	△12	5	7	6	△5	△11
売上債権の増減額	△59	6	△243	56	△26	8
棚卸資産の増減額	△97	△45	△31	△131	△55	130
仕入債務の増減額	26	△17	113	△7	△11	37
退職給付引当金の増減額	△130	△66	12	11	48	20
法人税等の支払額	△426	△426	△422	△299	△523	△288
その他	30	△59	122	129	△4	147
合計	1,095	1,172	1,649	1,803	1,215	1,722
Ⅱ 投資活動によるキャッシュフロー						
有形固定資産の取得による支出	△507	△495	△495	△381	△334	△351
無形固定資産の取得による支出	△39	△1,516	△158	△54	△70	△52
その他	3	△2,783	22	△87	△26	△37
合計	△544	△4,795	△632	△523	△431	△442
Ⅲ 財務活動によるキャッシュフロー						
社債・借入金の増減額	3	3,863	△546	△429	△334	△935
自己株式の取得による支出	△716	△60	△10	△309	△12	0
配当金の支払額	△205	△245	△291	△296	△297	△300
その他	12	9	12	17	△2	△8
合計	△906	3,567	△836	△1,018	△647	△1,245
Ⅳ 現金及び現金同等物に係る換算差額	△12	27	25	△16	△157	31
Ⅴ 現金及び現金同等物の増減額	△367	△27	206	244	△20	66
Ⅵ 現金及び現金同等物の期首残高	1,071	704	675	881	1,126	1,105
Ⅶ 新規連結及び連結除外に伴う現金及び現金同等物増減額	0	△1	0	0	0	0
Ⅷ 現金及び現金同等物の期末残高	704	675	881	1,126	1,105	1,171

安定的かつ継続的な配当、将来の成長のための設備投資やM&A、チャンスを活かす前には借金の返済といった、当たり前のことが当たり前にできる会社を目指しましょう。

第12章

決算説明に使う分析指標

決算説明に使う分析指標は
必要最小限に絞る

1 望ましい成長が実現しているかどうか

企業が成長しているかどうかを見る上で重要な要素となる3つの数字を以下に示します。

決算説明の際も、この3つの数字を使用すると効果的です。

① 総資産
② 売上高
③ 営業利益

①の総資産は、経営資源の量であるとともに経営リスクの量でもあります。

②の売上高は、総資産に含まれる商品の種類や数量の増加、設備の増強などによって獲得される収入成果です。

③の営業利益は、売上高からコストを控除して算出されます。業績成果である営業利益の安定は、コストを有効に使った上で安定的な売上高によってもたらされます。また、持続的な営業利益の成長は、売上高の成長によって実現します。

経営分析においては、流動比率や自己資本比率、営業利益率や売上債権回転率など多くの分析指標がありますが、総合指標として核になる数字は、この3つの数字です。

これらの数字の伸び率が①＜②＜③となっているときがもっとも望ましい経営状態であると言えます。

望ましい経営状態とは

1．成長しているかどうかの判断例

総資産と売上高と営業利益が3つとも増加している

※こんなときには注意喚起を！

売上高や営業利益が減少しているにもかかわらず総資産が増加している場合

↓

成果が確保できていない中でのリスクの増加（危険な兆候）

2．望ましい成長が実現しているかどうかの判断例

総資産の伸び率（A）＜売上高の伸び率（B）＜営業利益の伸び率（C）

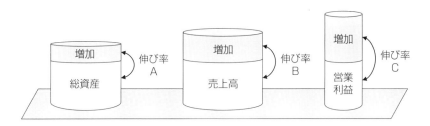

※こんなときには原因究明と改善提案を！

A＞B…売掛金や在庫の水準、設備投資の採算性は検証されているか（不要・不急の投資が行われていないか）

B＞C…固定費の増加は計画されているものか、コスト低減の余地はないか、営業利益の伸び率の低下への対応はできているか

2 説明に使用する経営指標はROAを核とする

1 貸借対照表を経営目的から説明する

　企業は資本の集合体です。集められた資本は、収益を獲得するために資産として使用されます。使用している資産は貸借対照表の左側に並んでいます。

　資産は収益を生み出すために、モノや設備、そして利用可能な資金（将来の資金となる債権も含む）として保有されています。

　具体的な保有形態としては、現預金、有価証券、受取手形、売掛金、棚卸資産、建物、機械装置、土地、投資有価証券、敷金・保証金などがあり、経営目的からは事業用資産と財務運用資産に大別することができます。

　事業用資産は営業活動に関連して保有している資産であり、財務運用資産は余剰資金あるいは事業に使用するための待機資金です。

　貸借対照表右側も、経営目的から、営業活動に関連して発生する営業債務としての無利子負債と、財務資金調達に関連して発生する有利子負債、さらに株主からの出資と内部留保された利益の累積を示す利益剰余金を主な構成要素とする自己資本（株主資本＋評価換算差額等）に分類することができます。

2 貸借対照表と損益計算書の関係を経営目的から説明する

　貸借対照表の左側は収益の獲得を目的として所有されており、事業用資産からは営業利益を、財務運用資産からは受取利息・配当金を成果として獲得します。すべての資産から獲得された成果が事業利益であり、その**収益性の指標がROA（総資産利益率）**です。

　貸借対照表の右側は資産を構成するために集められた資本（元手）であり、有利子負債と自己資本の所有者には、成果から支払利息を支払い、最終成果である当期純利益は株主の利益となります。株主持分となる自己資本に対してどれだけの株主利益を残せたかを見る指標がROEです。

　ROEは株主の立場に立った分配指標であり、ROEの向上のためにも、成果獲得指標であるROAが経営管理における核となるでしょう。

第12章 決算説明に使う分析指標

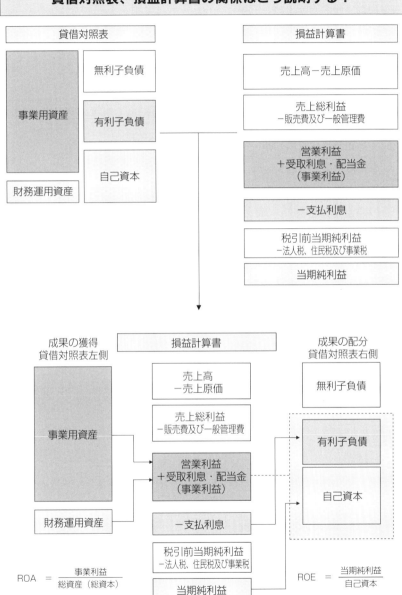

> **Q&A⑨　社長の疑問　ROAではなく売上高利益率ではダメか**
>
> 　当社は今まで売上高利益率を重視し、売上に対する営業利益を業績判断に使ってきました。ROAを収益性指標の核にすべきとのことですが、これでは問題があるのでしょうか。
> 　ROAの方が望ましいという理由を分かりやすく説明してください。

● 回答 ●

　売上高利益率を業績判断に使用してきたことは問題ありません。

　利益の絶対額ではなく、売上高との比較で利益をとらえることで、コストを効果的に使って利益を生み出す力を見ることができます。

　この売上高利益率に、"売上を獲得するためにどれだけの経営資源を使ったか"という視点を加えた指標がROAです。

　ROAは、売上高利益率にさらに評価要素を付加して総合的な収益性をみる極めて重要な経営指標です。

　ROAは先に示した、決算説明に重要な3つの数字をすべて組み入れた指標でもあります。

　説明

　売上高利益率で儲けを見るというのは大事な視点です。銀行も、融資先の売上高利益率を非常に重視していると考えられます。

　さて、もう1つ別の視点から見てみましょう。売上を獲得するためにどれだけの経営資源を使ったか、という点です。棚卸資産や土地、建物、機械装置など、どれだけの経営資源を使って売上を生み出したかという視点です。売上高利益率も儲けの尺度として重要ですが、経営資源がどれだけ使われたかまでは分かりません。

望ましい経営状態を見る"3つの数字"を1つの指標で表す

〈ROA は総資本回転率と売上高利益率を合わせた総合指標〉

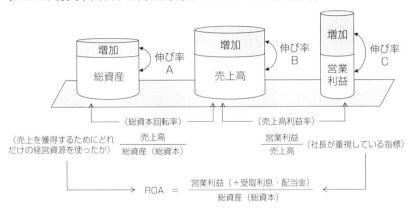

〈望ましい成長が実現しているかどうかの判断〉

　総資産の伸び率（A）＜売上高の伸び率（B）＜営業利益の伸び率（C）

　ROA ≒（C）／（A）であり、ROA の向上は望ましい成長の実現の必要条件にもなる。

〈経営指標の意義と ROA〉

　経済的な主体としての企業を分析・評価する原点は、企業は資本の集合体であり、その集められた資本との比較により成果を測るところにあります。

　企業の目標は
　　限りある経営資源を有効に活用して成果となる利益を最大化させること

　これが経営指標としての総資産利益率（ROA）の原点です。

3 ROAを核にして各種回転率を説明する

ROAは収益性指標の核となる重要な経営指標です。

この指標が優れているのは、①会社全体として評価するだけではなく、各事業部別に分析することができる点（水平分析）、そして②管理上で特に重要な資産、たとえば売上債権、棚卸資産、有形固定資産、に総資産を分解して、それぞれと売上高との比較ができる点（垂直分析）です。

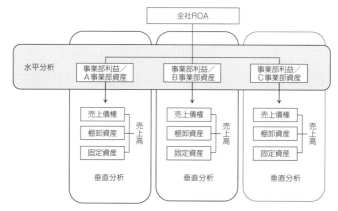

水平分析では、各事業部の資産を集計します。具体的には事業部責任者の現場レベルで管理責任を持つ資産として、売上債権、棚卸資産、固定資産（有形・無形）の残高を集計します（事業部資産）。

事業部利益（営業利益）と集計された各事業部資産との比率で各事業部のROAを算出して、業績管理に活用します。

垂直分析では、ROAを右頁の図のように、総資本回転率と売上高事業利益率（事業部ごとの分析であれば売上高営業利益率）に分解します。売上高利益率だけでなく、特に重要な経営資源として売上債権や棚卸資産、有形固定資産と売上高の比率（各資産回転率）を計算し、資源を無駄に使用せずに売上を生み出すための管理指標として活用します。

ROAの活用方法

〈事業部別の収益性をROAで評価する（水平分析）〉

事業部資産としては、売上債権、棚卸資産、固定資産を集計する

事業部ごとの総合的な収益力を見ることができる

〈効率的に売上が生み出されているかを評価する（垂直分析）〉

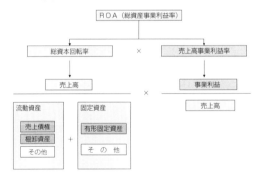

売上債権回転率＝売上高／売上債権

棚卸資産回転率＝売上高／棚卸資産

有形固定資産回転率＝売上高／有形固定資産

時系列分析によって数値が大きく下がった場合に原因を究明する

（例：棚卸資産回転率の低下→売上不振による在庫過剰の可能性）

4 流動比率

1 流動比率は数値だけで判断しない

　会社の資金繰りが安全かどうかをチェックする財務安全性指標として最初に紹介されることが多いのが「流動比率」です。

　流動比率とは、1年以内に返済される負債（流動負債）に対して、同じく1年以内に資金化される資産（流動資産）がどれだけあるかを表す指標です。
　たとえば、この比率が150％であれば、1年以内で返済する資金の1.5倍の回収資金があることを意味します。したがって、この比率は高ければ高いほど安全であるとされています。

　ただし、この比率は以下の点で安全性指標として完全ではありません。
　① 資金繰りは月単位で管理しているのに、1年というくくりが大きすぎる点
　② 売掛金や棚卸資産（運転資本）が増えることで流動比率は良くなるが、資金繰りにはマイナスである点

　この比率は、事業内容や取引慣行が反映されますので、国全体の平均値や上場会社平均などと比較してもあまり意味はありません。業種や取引慣行が似通った企業間の比較や、同一会社での数年間の時系列分析で使用するのが良いでしょう。

流動比率には注意が必要

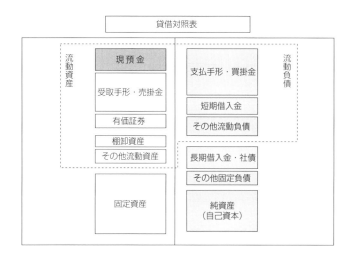

　流動比率は高ければ高いほど安全であると考えられがちです。自社分析であれば良いのですが、取引先の安全性調査でこの比率を過信するのは危険です。

　もし粉飾決算が行われていたとしたら、架空の売掛金や棚卸資産が計上され、これらはともに流動資産であることから流動比率は向上することになるからです。

　貸借対照表の期末残高からだけでは、資金の動きは分かりません。

　資金繰りに問題がないかどうかの安全性を見るには、キャッシュフロー分析が必須です。

5 流動比率が低くても安全な場合

　流動比率は、1年以内に資金化される流動資産の同期間で返済する流動負債に対する割合です。したがって、一般的には100％以上が必要であると言われています。
　さて、この表は、電力会社3社の2010年3月期と2015年3月期決算における流動比率です。

流動比率	A電力	B電力	C電力
2010年3月期（連結）	51.4％	55.0％	44.2％
2015年3月期（連結）	121.5％	62.6％	83.3％

　3社とも2015年3月期は2010年3月期よりも流動比率が高くなっていますが、100％を大きく下回っていた2010年3月期においても、3社の資金繰りには問題がありませんでした。
　なぜ、流動比率が低くてもこの3社の資金繰りに問題がなかったのでしょうか。
　その答えは、流動資産と流動負債の中身を見ると分かります。
　A電力の例で考えてみましょう。
　流動比率は回収資金と支払資金との比較をしているわけですが、資金繰りは1年単位で見るのではなく、毎月の収支が問題となります。A電力では、流動資産のほとんどが1～3ヶ月以内に資金化されます。私たちは電気料を毎月支払います。一方、流動負債は数ヶ月かけて支払う借入金などが多く、毎月の返済額は流動負債額の数分の1で足ります。流動資産が少なくても安全に資金が流れているのです。回収された現預金はすぐに借入金の返済資金となりますので、流動資産は常に必要最低限になっていますし、流動負債が数ヶ月かけてゆっくり支払われるということは、言い換えれば、数ヶ月分の負債が蓄積されるということでもあります。流動比率では、お金の流れるスピードまでは分からないのです。
　安全性はキャッシュフローで見ることが必要です。
　流動比率が100％を超えていても、営業活動によるキャッシュフローがマイナスになっている方が、安全性においてはるかに問題となります。

流動比率の数値よりも資産・負債の中身が大切

〈A電力の流動資産と流動負債〉

A電力の流動比率（2010年3月期）

（単位：百万円）

流動資産		流動負債	
現金及び預金	180,183	1年以内に期限到来の固定負債	747,606
受取手形及び売掛金	348,773		
棚卸資産	160,111	短期借入金	363,643
繰延税金資産	60,875	支払手形及び買掛金	279,149
その他	232,643	未払税金	78,427
		その他	444,192
合計 ①	982,586	合計 ②	1,913,019

流動比率①／②＝51.4%

ほとんどが1～3ヶ月以内に資金化

数ヶ月かけてゆっくりと支払われる

　デパートや商店街などの抽選会で使われる"ガラガラくじ"をイメージしてください。

　貸借対照表右側の流動負債はゆっくりと回ります。玉がたくさん入っており、回転が遅いため少しずつ玉が落ちてきます。

　一方、貸借対照表左側の流動資産は早く回ります。玉は少ししか入っておらず、回転が速いので速く玉が落ちてきます。

　右は遅く、左は速いのです。

　玉の入っている量（それぞれの残高）は違っていても、1分間に落ちてくる玉の数はバランスがとれています。

　流動比率は残高比較であり、その残高の変化、すなわち回転については考慮されていないのです。

〈安全性はキャッシュフローで見る〉

　安全性を見るのであれば、やはりキャッシュフローです。A電力の営業活動によるキャッシュフローは、以下の3期間においてはすべてプラスであり財務面での安全性を示しています。

（単位：百万円）

A電力（連結）	2008年3月期	2009年3月期	2010年3月期
営業活動によるキャッシュフロー	509,890	599,144	988,271

6 年度決算の説明で使用する分析指標

年度決算書ができあがると、様々な分析指標を算出できます。
一般的な財務分析の書籍で解説されている分析指標としては、以下のようなものがあります。

流動比率	当座比率	固定比率
固定長期適合率	自己資本比率	負債比率
営業利益率	経常利益率	当期純利益率
ROA（総資本利益率）	ROE（自己資本利益率）	

営業キャッシュフロー（営業活動によるキャッシュフロー）
フリーキャッシュフロー（営業活動によるキャッシュフロー
　　　　　　　　　　　＋投資活動によるキャッシュフロー）

これらの中で、年度決算説明において特に重要な指標は次の2種類です。

① 資本利益率　　　（ROAとROE）
② キャッシュフロー（営業キャッシュフローとフリーキャッシュフロー）

資本利益率は、経営資源を効果的に使用して望ましい成長を実現しているかどうか、キャッシュフローは事業活動による成果が確実に資金として回収できているかどうかを確認し、説明に使用します。

この2種類の指標をもとに経営の現状と変化についての分析を行うと、現状の課題や対策の提案も効果的にできるでしょう。

資本利益率とキャッシュフローを説明に活用する

① 資本利益率（ROAとROE）

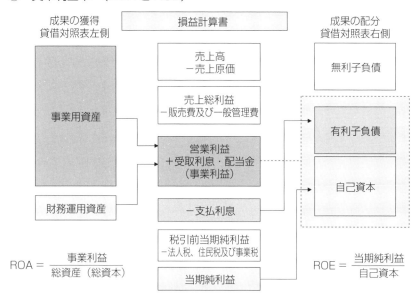

経営資源を効果的に使用して望ましい成長を実現しているかどうか

② キャッシュフロー（営業キャッシュフローとフリーキャッシュフロー）

科目	X01年3月期	X02年3月期	X03年3月期
Ⅰ　営業活動によるキャッシュフロー			
税引前当期純利益	4,585	5,015	4,982
減価償却費	1,456	1,398	1,500
売上債権の増減額	45	△18	65
棚卸資産の増減額	△178	68	△45
仕入債務の増減額	△14	28	△55
退職給付引当金の増減額	4	16	54
法人税等の支払額	△1,859	△2,000	△1,979
その他	25	△4	41
合計①（営業キャッシュフロー）	4,064	4,503	4,563
Ⅱ　投資活動によるキャッシュフロー			
有形固定資産の取得による支出	△1,253	△1,574	△1,808
無形固定資産の取得による支出	△245	△358	△480
その他	△87	△26	△37
合計②	△1,585	△1,958	△2,325
①+②（フリーキャッシュフロー）	2,479	2,545	2,238
Ⅲ　財務活動によるキャッシュフロー			
借入金の増減額	△1,254	△2,047	△1,987
配当金の支払額	△296	△297	△300
その他	17	△2	△8
合計	△1,533	△2,346	△2,295
Ⅴ　現金及び現金同等物の増減額	946	199	△57
Ⅵ　現金及び現金同等物の期首残高	881	1,827	2,026
Ⅶ　現金及び現金同等物の期末残高	1,827	2,026	1,969

←営業活動から安定的かつ十分な資金成果が得られているか

←営業活動に投資活動も加えた、最終的に自由に利用・処分できる資金成果が得られているか

事業活動による成果が確実に資金として回収できているかどうか

第13章

実践！決算書の経営情報と説明事例

業績悪化傾向が見え始めてきた甲社での月次決算報告

月次損益計算書

前年同月　単位：千円

		X01/4	5	6	7	8	9	X00/9	当期合計
A事業部	[売上高]	156,027	159,859	149,829	151,228	155,351	160,592	173,564	932,886
	[売上原価]	40,873	42,314	40,281	42,559	43,052	45,593	45,613	254,672
	商品仕入高	40,565	41,903	40,021	42,285	42,756	45,211	45,092	252,741
	その他	308	411	260	274	296	382	521	1,931
	売上総利益	115,154	117,545	109,548	108,669	112,299	114,999	127,951	678,214
	売上総利益率	73.8%	73.5%	73.1%	71.9%	72.3%	71.6%	73.7%	72.7%
B事業部	[売上高]	29,373	26,979	21,101	23,588	22,677	22,865	21,062	146,583
	[売上原価]	21,856	19,722	14,952	16,074	15,981	16,108	15,686	104,693
	売上総利益	7,517	7,257	6,149	7,514	6,696	6,757	5,376	41,890
	売上総利益率	25.6%	26.9%	29.1%	31.9%	29.5%	29.6%	25.5%	28.6%
	売上総利益合計	122,671	124,802	115,697	116,183	118,995	121,756	133,327	720,104
	[販売費及び一般管理費]	101,421	105,848	102,142	101,103	102,814	105,097	103,256	618,425
人件費	役員報酬	8,574	8,574	8,574	8,574	8,574	8,574	8,574	51,444
	給料手当	43,525	43,143	43,019	42,887	43,956	44,543	43,568	261,073
	雑給	1,080	1,248	1,188	1,076	1,445	1,063	1,523	7,100
	法定福利費・福利厚生費	4,706	8,534	4,275	5,324	4,738	4,703	4,470	32,280
	賞与・退職給付引当金繰入	10,077	10,077	10,077	10,077	10,077	10,077	10,127	60,462
	人件費合計	67,962	71,576	67,133	67,938	68,790	68,960	68,262	412,359
その他諸経費	通信費	1,557	1,614	1,614	2,003	1,701	1,691	1,555	10,180
	販売員旅費	2,107	1,897	2,070	2,236	2,148	1,949	2,595	12,407
	荷造運賃	9,834	10,626	9,720	9,056	10,647	11,173	10,381	61,056
	広告宣伝費	883	1,367	681	139	748	497	349	4,315
	交際接待費	552	115	2,003	474	619	272	588	4,035
	消耗品費	4,615	4,023	3,979	4,920	4,172	5,514	5,204	27,223
	租税公課	11	17	21	377	136	197	173	759
	支払手数料	908	1,014	1,138	973	993	1,265	1,603	6,291
	地代家賃	7,174	7,124	7,124	7,124	7,124	7,123	7,369	42,793
	減価償却費	2,558	2,558	2,558	2,558	2,558	2,558	1,395	15,348
	その他	3,260	3,917	4,101	3,305	3,178	3,898	3,782	21,659
	その他諸経費合計	33,459	34,272	35,009	33,165	34,024	36,137	34,994	206,066
	営業利益	21,250	18,954	13,555	15,080	16,181	16,659	30,071	101,679
	[営業外収益]	671	1,235	777	822	919	769	447	5,193
	[営業外費用]	180	995	320	236	283	569	973	2,583
	経常利益	21,741	19,194	14,012	15,666	16,817	16,859	29,545	104,289
	特別損益	0	0	0	0	0	0	0	0
	税引前当期純利益	21,741	19,194	14,012	15,666	16,817	16,859	29,545	104,289
	法人税・住民税及び事業税	6,522	5,758	4,204	4,700	5,045	5,058	8,864	31,287
	当期純利益	15,219	13,436	9,808	10,966	11,772	11,801	20,681	73,002
	累計利益	15,219	28,655	38,463	49,429	61,201	73,002	98,177	
	前期累計利益	18,761	31,635	46,395	61,496	77,496	98,177	48,711	

第7章で取り上げた事例です。
　どのような流れで決算の説明を行うと良いか、説明の仕方の一例をご紹介します。

決算説明の流れ　甲社

1　利益の現状と要因

		X01/4	5	6	7	8	9
A事業部	[売上高]	156,027	159,859	149,829	151,228	155,351	160,592
	[売上原価]	40,873	42,314	40,281	42,559	43,052	45,593
	商品仕入高	40,565	41,903	40,021	42,285	42,756	45,211
	その他	308	411	260	274	296	382
	売上総利益	115,154	117,545	109,548	108,669	112,299	114,999
	売上総利益率	73.8%	73.5%	73.1%	71.9%	72.3%	71.6%
B事業部	[売上高]	29,373	26,979	21,101	23,588	22,677	22,865
	[売上原価]	21,856	19,722	14,952	16,074	15,981	16,108
	売上総利益	7,517	7,257	6,149	7,514	6,696	6,757
	売上総利益率	25.6%	26.9%	29.1%	31.9%	29.5%	29.6%
	売上総利益合計	122,671	124,802	115,697	116,183	118,995	121,756
	[販売費及び一般管理費]	101,421	105,848	102,142	101,103	102,814	105,097
	営業利益	21,250	18,954	13,555	15,080	16,181	16,659
	[営業外収益]	671	1,235	777	822	919	769
	[営業外費用]	180	995	320	236	283	569
	経常利益	21,741	19,194	14,012	15,666	16,817	16,859
	特別損益	0	0	0	0	0	0
	税引前当期純利益	21,741	19,194	14,012	15,666	16,817	16,859

　9月の営業利益は1,665万円でした。

　経常利益、税引前当期純利益もともに前月より増加しています。

　好調な利益の要因は、A事業部の売上総利益によるものです。A事業部の売上総利益率は71.6%と高く、会社全体の利益への貢献度が非常に高い事業部です。

　売上総利益率が高いということは、売上の増加によって利益が大幅に増加することを意味します。

　A事業部の利益への貢献度の高さは、ほとんどすべての月次においてA事業部単独の売上総利益で会社全体の販売費及び一般管理費を賄うことができることからも見てとれます。

　一方、B事業部は、A事業部ほどの売上高や売上総利益率を確保していませんが、すべての月次において売上総利益が黒字であり、会社全体の収益を安定化させることに貢献しています。

　A事業部は収益を生み出す強力な主力エンジンとして力を発揮しており、B事業部は収益を生み出す補助エンジンとして利益を安定化させる役割を果

2　利益の変化分析

A事業部の高い売上総利益に支えられた同社の営業利益は9月度において1,660万円の計上額がありますが、前年同月の営業利益3,000万円と比較すると、1,340万円ほどの大幅な減少となっています。

営業利益の減少の原因を確認しましょう。

		9	前年同月 X00/9
A事業部	[売上高]	160,592	173,564
	[売上原価]	45,593	45,613
	商品仕入高	45,211	45,092
	その他	382	521
	売上総利益	114,999	127,951
	売上総利益率	71.6%	73.7%
B事業部	[売上高]	22,865	21,062
	[売上原価]	16,108	15,686
	売上総利益	6,757	5,376
	売上総利益率	29.6%	25.5%
売上総利益合計		121,756	133,327
[販売費及び一般管理費]		105,097	103,256
人件費合計		68,960	68,262
その他諸経費合計		36,137	34,994
営業利益		16,659	30,071

（説明中に間を取り、考える時間をつくると良い）

営業利益の減少の原因を探るため、損益計算書の営業利益に至るまでの流れを前期と比較してみます。

そうすると、A事業部の売上総利益の減少が対前年同月における営業利益の最大の減少要因であることが分かります。

収益を生み出す主力エンジンであるA事業部のパワーにかげりが見えています。売上総利益において、前期は1億2,700万円であったものが今期は1億1,400万円になり、1,300万円も減少しています。

B事業部の売上総利益は140万円増加しており、営業利益の減少要因はA事業部の売上総利益の減少によるものでした。

3　利益減少のさらなる要因分析と対応

それでは、A事業部の売上総利益の減少要因を探ります。A事業部の売上総利益の計算部分に注目してください。

		9	前年同月 X00/9
A事業部	[売上高]	160,592	173,564
	[売上原価]	45,593	45,613
	商品仕入高	45,211	45,092
	その他	382	521
	売上総利益	114,999	127,951
	売上総利益率	71.6%	73.7%

売上総利益の減少要因は"売上高か売上原価か"です。

その要因は売上高の減少によるものであることが分かります。

売上高は1,300万円の減少です。

(数字は最後の一桁まで読まないで、説明を聞く相手が暗算で確認できる範囲まで丸くする)

先ほど「売上総利益率が高いということは、売上高の増加によって利益が大幅に増加することを意味します。」と説明しましたが、"逆も真なり"です。売上高の減少は利益を大幅に減少させる要因にもなります。

売上総利益率が高いこと自体は、利益の水準が高いことを意味しますので望ましいことです。

この数字が低い事業に比べて、同じ売上高でより多くの利益を確保できますし、大幅に減少するということは、そもそも利益が多く獲得できていた証でもあるからです。

さて、A事業部の売上高の減少には売上数量の減少と単価の値下がりの２つの要因がありますが、データからは単価の値下がりであることが読み取れます。売上原価が減少していないからです（仕入価格の高騰がないことを事前に確認する）。

そもそも競争力の強いA事業部ではありますが、単価の値下がりは同じ商品の販売であれば必然と考えて、今後も商品の差別化を図り、顧客満足度を高める販売を実践することを月次決算データは要求しています。

2 大規模設備投資を検討している高成長乙社での月次決算報告

損益計算書

勘定科目	X00/2	3	4	5	6	7	8
[売上高]	156,374	160,597	167,678	162,541	163,135	174,034	160,130
[売上原価]	68,575	69,205	71,660	70,079	71,672	76,719	69,210
商品仕入高	49,783	49,408	51,209	50,034	50,798	53,146	49,662
外注加工費	18,792	19,797	20,451	20,045	20,874	23,573	19,548
売上総利益	87,799	91,392	96,018	92,462	91,463	97,315	90,920
[販売費一般管理費]	82,808	82,942	84,354	84,406	84,742	89,053	88,265
給料手当	38,334	41,876	41,817	41,823	41,428	40,847	41,481
雑給	5,032	3,694	3,168	3,211	2,899	3,147	4,149
福利厚生費	4,004	3,571	4,109	6,445	4,980	4,775	5,912
賞与引当金繰入	3,500	3,500	3,500	3,500	3,500	3,500	3,500
旅費交通費	1,078	1,061	893	814	771	898	934
通信費	1,829	1,282	1,402	1,520	1,390	1,678	1,486
販売員旅費	1,941	1,470	1,731	1,254	2,133	2,010	1,622
荷造運賃	7,830	7,710	8,027	7,250	7,632	8,536	7,917
消耗品費	3,475	3,978	4,269	3,070	4,587	7,422	4,803
地代家賃	6,048	6,048	6,048	6,181	6,021	6,475	6,424
減価償却費	408	739	736	736	736	1,448	1,440
その他	9,329	8,013	8,654	8,602	8,665	8,317	8,597
営業利益	4,991	8,450	11,664	8,056	6,721	8,262	2,655
[営業外収益]	595	845	706	750	611	955	644
[営業外費用]	469	242	1,451	235	1,211	558	120
税引前純利益	5,117	9,053	10,919	8,571	6,121	8,659	3,179
累計利益	53,139	9,053	19,972	28,543	34,664	43,323	46,502
昨年度累計利益	21,057	6,099	10,459	14,580	17,934	21,008	22,497
売上原価率	43.9%	43.1%	42.7%	43.1%	43.9%	44.1%	43.2%
営業利益率	3.2%	5.3%	7.0%	5.0%	4.1%	4.7%	1.7%

2月決算会社における1月度の月次決算説明。

第13章　実践！決算書の経営情報と説明事例　*205*

					前年同月	単位：千円
9	10	11	12	X01/1	X00/1	当期合計
164,119	162,755	168,462	181,360	185,206	162,726	1,850,017
72,274	70,217	72,659	77,198	79,254	70,353	800,147
51,216	50,149	51,678	52,497	53,174	50,459	562,971
21,058	20,068	20,981	24,701	26,080	19,894	237,176
91,845	92,538	95,803	104,162	105,952	92,373	1,049,870
88,387	86,457	87,536	89,822	89,684	84,052	955,648
42,559	43,017	42,940	42,972	42,577	40,776	463,337
3,962	2,552	3,880	4,283	4,219	5,486	39,164
5,985	5,500	4,139	4,211	4,411	4,048	54,038
3,500	3,500	3,500	3,500	3,500	3,200	38,500
1,243	475	386	408	590	1,101	8,473
1,539	1,549	1,442	2,528	1,454	1,354	17,270
1,710	2,267	1,053	1,603	2,096	1,461	18,949
7,605	6,992	8,450	8,371	8,088	7,498	86,578
4,125	4,195	5,395	5,102	5,179	4,525	52,125
6,424	6,424	7,400	7,696	7,696	6,048	72,837
1,490	1,440	1,440	1,581	1,440	408	13,226
8,245	8,546	7,511	7,567	8,434	8,147	91,151
3,458	6,081	8,267	14,340	16,268	8,321	94,222
490	490	495	490	901	875	7,377
296	579	410	874	573	221	6,549
3,652	5,992	8,352	13,956	16,596	8,975	95,050
50,154	56,146	64,498	78,454	95,050	48,022	
25,834	28,067	32,678	39,047	48,022	16,570	
44.0%	43.1%	43.1%	42.6%	42.8%	43.2%	
2.1%	3.7%	4.9%	7.9%	8.8%	5.1%	

　損益計算書では常に12ヶ月間を表示している（X00/3からが当期）。

決算説明の流れ　乙社　（損益計算書）

1　利益の現状と要因

昨年9月より、対前月で5ヶ月連続して営業利益が増加しています。売上高の増加とともに、売上原価率が概ね低減しており、売上総利益は前回の12月から1億円の大台に乗っています。

　販売費及び一般管理費は8千万円台で推移しており、利益管理の重点ポイントは従来の固定費抑制から売上総利益の成長確保に移行しています。
　8月は売上総利益の落込みにより、営業利益率は急激に低下しましたが、その後はともに回復しています。

単位：千円

	7	8	9	10	11	12	X01/1	前年同月 X00/1
[売上高]	174,034	160,130	164,119	162,755	168,462	181,360	185,206	162,726
[売上原価]	76,719	69,210	72,274	70,217	72,659	77,198	79,254	70,353
売上総利益	97,315	90,920	91,845	92,538	95,803	104,162	105,952	92,373
[販売費及び一般管理費]	89,053	88,265	88,387	86,457	87,536	89,822	89,684	84,052
給料手当	40,847	41,481	42,559	43,017	42,940	42,972	42,577	40,776
雑給	3,147	4,149	3,962	2,552	3,880	4,283	4,219	5,486
福利厚生費	4,775	5,912	5,985	5,500	4,139	4,211	4,411	4,048
賞与引当金繰入	3,500	3,500	3,500	3,500	3,500	3,500	3,500	3,200
営業利益	8,262	2,655	3,458	6,081	8,267	14,340	16,268	8,321
売上原価率	44.1%	43.2%	44.0%	43.1%	43.1%	42.6%	42.8%	43.2%
営業利益率	4.7%	1.7%	2.1%	3.7%	4.9%	7.9%	8.8%	5.1%

　営業利益率は12月に7.9%となり、過去最高を記録しました。今回（1月）もさらに向上しています。
　この要因は、販売費及び一般管理費の増加が抑えられている中で、売上高の増加と売上原価率の低下が実現しているからです。
　これらによって営業利益率は安定的かつ確実に向上しています。

　外部環境に大きな変化がないという前提で、来期は営業利益率10%をターゲットにできます。月次ベースは売上目標を2億円におき、営業利益目標は2千万円となります。
　目標達成のカギは、先に述べた売上総利益の成長確保です。

2　利益の変化分析と売上総利益の成長確保に必要なこと

　前年同月との比較において、売上高は2,300万円弱の増加で営業利益は800万円の増加です（ここも相手が暗算で確認できるように数字を丸めて読む）。

勘定科目	単位：千円 X01/1	前年同月 X00/1
[売上高]	185,206	162,726
[売上原価]	79,254	70,353
商品仕入高	53,174	50,459
外注加工費	26,080	19,894
売上総利益	105,952	92,373
[販売費一般管理費]	89,684	84,052
給料手当	42,577	40,776
雑給	4,219	5,486
福利厚生費	4,411	4,048
賞与引当金繰入	3,500	3,200
旅費交通費	590	1,101
通信費	1,454	1,354
販売員旅費	2,096	1,461
荷造運賃	8,088	7,498
消耗品費	5,179	4,525
地代家賃	7,696	6,048
減価償却費	1,440	408
その他	8,434	8,147
営業利益	16,268	8,321
[営業外収益]	901	875
[営業外費用]	573	221
税引前純利益	16,596	8,975
累計利益	95,050	48,022
昨年度累計利益	48,022	16,570
売上原価率	42.8%	43.2%
営業利益率	8.8%	5.1%

　売上高の増加が2,300万円で、利益は800万円増加しているので、売上の増加分の3割以上が利益の増加になっています。

　今年1月の営業利益率は8.8%です。これは1ヶ月トータルの売上と営業利益の比較による利益率です。
　簡単に言うと、損益分岐点を超えるまで、すなわち売上総利益が販売費及び一般管理費を上回るまでは営業利益が積み上がらないからです。
　（厳密に言うと「限界利益が固定費を上回らないと営業利益が積み上がらないから」となるが、おおむね正確であるならば厳密さより"分かりやすさ"を重視する。いくら正確であっても伝わらなければ説明にならない。）

月次の営業利益率は1割にも満たないですが、採算ライン（損益分岐点）を超えると、売上の3割以上が利益になります。

売上を増やすことによる効果は絶大です。

売上高の増加を今後も重要テーマとして継続します。

さて、売上の増加にともない1つの問題が生じています。

売上の増加の割には売上原価率の低下が緩慢であることです。

仕入先との交渉において、取引量の増加があれば取引単価を下げることができると考えますが、実際には上昇する原価があったのです。

下の表を見てください。売上原価率を商品仕入部分と外注加工費部分に分けて分析したものです。

単位：千円

	9	10	11	12	X01/1
[売上高]	164,119	162,755	168,462	181,360	185,206
[売上原価]	72,274	70,217	72,659	77,198	79,254

	9	10	11	12	X01/1
売上原価率	44.0%	43.1%	43.1%	42.6%	42.8%
商品仕入	31.2%	30.8%	30.7%	28.9%	28.7%
外注加工費	12.8%	12.3%	12.5%	13.6%	14.1%

売上原価率は低下傾向を示していますが、それは商品仕入による効果であり、外注加工費部分は売上の増加によって逆に原価率が上がっています。

　外注加工費はマンパワーの不足を補うための委託コストであり、作業時間が長くなることでコストが割増になっています。
　売上の増加がこれからも期待できる環境下での売上総利益の成長確保には、かねてからの検討課題であった外注委託から内製化への部分移行の意思決定が必要と思われます。
　採算計算を行った上での作業自動化のための設備投資の実行です。

貸借対照表の資産側推移分析

貸借対照表

単位：千円

	X00/3	4	5	6	7	8
資産の部						
[流動資産]						
現金及び預金	85,732	74,068	131,478	133,063	168,852	178,448
売掛金	366,116	353,872	333,066	337,304	303,306	288,945
有価証券	2,058	2,058	2,058	10,506	20,238	20,238
貸倒引当金	-2,088	-2,088	-2,088	-2,088	-2,088	-2,088
棚卸資産	62,432	65,480	68,935	64,508	64,876	67,895
その他	10,425	12,546	11,548	11,076	10,684	9,835
流動資産計	524,675	505,936	544,997	554,369	565,868	563,273
[固定資産]						
(有形固定資産)	205,906	205,522	205,146	204,410	204,740	203,300
建物	54,827	54,827	54,827	54,827	56,661	56,661
車両運搬具	2,237	2,237	2,237	2,237	2,237	2,237
工具器具備品	15,109	15,461	15,821	15,821	15,757	15,757
土地	164,469	164,469	164,469	164,469	164,469	164,469
減価償却累計額	-30,736	-31,472	-32,208	-32,944	-34,384	-35,824
(無形固定資産)	15,219	15,219	15,219	15,219	15,219	15,219
ソフトウェア	14,939	14,939	14,939	14,939	14,939	14,939
その他	280	280	280	280	280	280
(投資等)	214,923	214,999	216,530	216,530	219,495	219,940
子会社株式	42,304	42,304	42,304	42,304	42,304	42,304
敷金	43,699	43,531	43,531	43,531	46,274	46,274
長期前払費用	7,110	7,354	7,605	7,605	7,827	8,272
その他	121,810	121,810	123,090	123,090	123,090	123,090
固定資産計	436,048	435,740	436,895	436,159	439,454	438,459
資産合計	960,723	941,676	981,892	990,528	1,005,322	1,001,732

	9	10	11	12	X01/1
資産の部					
[流動資産]					
現金及び預金	166,662	101,048	76,065	82,623	88,196
売掛金	258,210	304,909	308,724	310,094	322,623
有価証券	41,902	70,203	70,157	70,107	71,166
貸倒引当金	-2,088	-2,088	-2,088	-2,088	-2,088
棚卸資産	64,689	65,987	64,385	67,791	68,704
その他	11,408	13,792	12,607	13,007	12,045
流動資産計	540,783	553,851	529,850	541,534	560,646
[固定資産]					
(有形固定資産)	201,673	205,365	203,925	202,834	201,394
建物	56,661	56,661	56,661	57,506	57,506
車両運搬具	2,237	2,237	2,237	2,237	2,237
工具器具備品	15,570	20,702	20,702	20,206	20,206
土地	164,469	164,469	164,469	164,469	164,469
減価償却累計額	-37,264	-38,704	-40,144	-41,584	-43,024
(無形固定資産)	15,219	15,219	15,219	15,219	15,219
ソフトウェア	14,939	14,939	14,939	14,939	14,939
その他	280	280	280	280	280
(投資等)	221,196	221,905	232,079	232,495	239,192
子会社株式	42,304	42,304	42,304	42,304	42,304
敷金	46,274	46,274	56,448	56,448	56,448
長期前払費用	9,528	10,237	10,237	10,653	10,653
その他	123,090	123,090	123,090	123,090	129,787
固定資産計	438,088	442,489	451,223	450,548	455,805
資産合計	978,871	996,340	981,073	992,082	1,016,451

決算説明の流れ　乙社　(貸借対照表)

3　総資産の推移とリスク

貸借対照表では、総資産の推移を確認します。

期首開始月である昨年3月と今回の1月とを比較すると、9億6,000万円と10億1,600万円で総資産額は5,600万円の増加です。

増加した要因は、利益の累積と未払消費税です。どちらも貸借対照表右側（負債・純資産側）の増加要因で、資産の増加要因でもあります。

なお、消費税の月次処理は仮受消費税と仮払消費税を月次で相殺して、差額を未払金に含めて計上しています。これは仮受・仮払消費税による貸借対照表の膨張をできる限り排除し、経営実態をより適正に反映した資産、負債の推移を分析するためです。

資産総額の増加は利益の累積による要因だけを考えても9千万円ほどありますので、低く抑えられています。

このことは、資産の回収可能性からの損失リスクの増加が低く抑えられていることを意味します。

4　各資産の推移と設備増強の是非

流動資産の中では売掛金の残高がもっとも大きく、1月では流動資産の60％弱を占めています。3月からの残高推移を見ると、売上高の増加にもかかわらず回収状況が良好で残高は大きく増加していません。これは資金繰りにプラスに働いています。

固定資産のうち有形固定資産では、7月と10月に設備増強を実施しましたが、減価償却費を上回るほどの規模ではなく、残高は減少傾向を示しています。

事業効率の向上と外注加工から内製化への部分移行のための設備投資案の採算評価計算を実施しているので、今月末までに計算結果を報告します。

貸借対照表の負債・純資産側推移分析

単位:千円

	X00/3	4	5	6	7	8
負債の部						
[流動負債]						
買掛金	104,051	122,387	123,261	123,273	129,913	127,451
短期借入金	41,600	41,280	20,960	30,640	20,320	40,000
未払金	43,702	26,237	61,152	48,015	58,640	80,978
未払費用	31,086	0	12,642	0	0	12,042
未払法人税等	22,074	0	0	0	0	0
預り金	10,854	6,627	5,986	5,941	5,822	5,850
賞与引当金	10,500	14,000	17,500	0	3,500	7,000
その他	5,263	9,874	14,591	18,827	17,694	20,841
流動負債合計	269,130	220,405	256,092	226,696	235,889	294,162
[固定負債]						
長期借入金	237,462	255,501	251,459	283,370	280,744	215,702
その他	1,616	1,616	1,616	1,616	1,184	1,184
固定負債計	239,078	257,117	253,075	284,986	281,928	216,886
負債合計	508,208	477,522	509,167	511,682	517,817	511,048
純資産の部						
[資本金]	72,000	72,000	72,000	72,000	72,000	72,000
[利益準備金]	7,040	7,760	7,760	7,760	7,760	7,760
[剰余金]						
任意積立金	120,000	120,000	120,000	120,000	120,000	120,000
繰越利益剰余金	253,475	264,394	272,965	279,086	287,745	290,924
剰余金計	373,475	384,394	392,965	399,086	407,745	410,924
純資産合計	452,515	464,154	472,725	478,846	487,505	490,684
負債・純資産合計	960,723	941,676	981,892	990,528	1,005,322	1,001,732

	9	10	11	12	X01/1
負債の部					
[流動負債]					
買掛金	123,006	124,013	124,398	131,379	137,974
短期借入金	39,680	39,360	0	0	0
未払金	60,343	60,515	66,989	78,553	76,466
未払費用	8,816	70	0	0	0
未払法人税等	0	0	0	0	0
預り金	6,462	5,718	5,795	4,342	4,328
賞与引当金	10,500	14,000	17,500	0	3,500
その他	23,907	27,165	29,605	32,132	35,537
流動負債合計	272,714	270,841	244,287	246,406	257,805
[固定負債]					
長期借入金	210,637	223,987	226,922	221,856	218,230
その他	1,184	1,184	1,184	1,184	1,184
固定負債計	211,821	225,171	228,106	223,040	219,414
負債合計	484,535	496,012	472,393	469,446	477,219
純資産の部					
[資本金]	72,000	72,000	72,000	72,000	72,000
[利益準備金]	7,760	7,760	7,760	7,760	7,760
[剰余金]					
任意積立金	120,000	120,000	120,000	120,000	120,000
繰越利益剰余金	294,576	300,568	308,920	322,876	339,472
剰余金計	414,576	420,568	428,920	442,876	459,472
純資産合計	494,336	500,328	508,680	522,636	539,232
負債・純資産合計	978,871	996,340	981,073	992,082	1,016,451

5　負債の減少と自己資本比率の上昇

　貸借対照表の総額が期首月から5,600万円増加しています。その増加要因を貸借対照表右側（負債・純資産側）で確認します。
　負債と純資産の合計額の推移を見てください。
（大事な部分は説明ではなく、自分で確認してもらう）

　負債の合計が減少傾向にあり、純資産の合計は増加していることがお分かりいただけたでしょう。
　貸借対照表は左側（資産側）に事業用資産が並び、右側（負債・純資産側）には、事業用資産を揃えるのに必要な資金源が並んでいます。
（事業用資産だけでなく財務運用資産など事業に関連しない資産もあるが、資産のもっとも重要な部分をストレートに伝える。細かく説明するのは正確ではあるが、ポイントがぼけるようであれば、細かい説明はあえて排除する。）

　資産総額の増加、すなわち事業用資産の増加は、回収可能性からの損失リスクの増加を意味します。今回の設備投資はリスクを伴います。
　しかし、返済が不要な純資産が増加していることは、財務安全性と"リスク許容度"の高まりを意味しています。
　貸借対照表の負債の減少によって、会社の財務体質は安全性の面で大きく改善しています。

　さらに自己資本比率は50％に達しております。
　自己資本比率とは自己資本、当社では純資産の金額ですが、この自己資本の負債・純資産合計に占める割合です。
　5億3,900万円÷10億1,600万円です。計算すると53％になります。
　一番右端、今年1月の一番下にある数字2つです。
（貸借対照表は損益計算書よりも数字を探すのが困難なので、場所を誘導するのも良い）
　昨年3月からの推移を確認してください。着実に自己資本比率が上昇していることが確認できると思います。

自己資本比率は、負債の減少と同じように財務安全性を示す指標になります。

さらに、経営の視点からとらえると返済の必要がないため、設備投資や研究開発などのリスクを中和する資金源として"リスク許容度"を示す指標となります。

設備投資やM&Aといった、チャンスであり、またリスクでもある行為の実施前に借金を返済しておくことが、事業チャンスに備えるための財務戦略として重要です。

貸借対照表からは財務安全性とリスク許容度がともに高まっていることを読みとることができ、設備投資（リスク行為）への準備ができています。

6　リスク吸収力の強さを裏付けるデータ

黒字であっても資金成果が生み出されなければ、実質的な企業活動の成果とは言えません。

利用あるいは分配できる資金があってこそ、成果を生み出したことになります。

下の表は資金残高の推移です。月次損益計算書では利益の推移を見ることはできますが、資金成果は見ることができません。

利益が計上できて、かつ資金が無駄に使われていないこと、すなわち資金効率の結果であり、利用・分配できる実質的成果を集計したものです。

資金残高の推移

単位：千円

	X00/3	4	5	6	7	8
資金残高	87,790	76,126	133,536	143,569	189,090	198,686

	9	10	11	12	X01/1
資金残高	208,564	171,251	146,222	152,730	159,362

資金＝現金＋預貯金＋有価証券

資金は現金及び預金並びに流動資産の有価証券を集計したものです。ここでの有価証券は株式ではなく、リスク僅少な現金同等物です。

この表では資金残高が前半の月次において増加傾向にあることが分かります。ただし、資金は借入金の返済に使用されることもありますので、後半の月次残高が減少したとしても、その月次において成果が得られなかったというわけではありません。

資金は利益と違い、利用されるものだからです。

資金成果を見る１つの方法として、借入金残高の推移を集計してみます。

生み出された資金成果の使途として借入金の返済があり、その残高が順調に減少していれば、その返済原資となる資金が生み出されていることが分かります。

有利子負債残高と純有利子負債残高

単位：千円

	X00/3	4	5	6	7	8
有利子負債（借入金）残高	279,062	296,781	272,419	314,010	301,064	255,702
純有利子負債残高	191,272	220,655	138,883	170,441	111,974	57,016

	9	10	11	12	X01/1
有利子負債（借入金）残高	250,317	263,347	226,922	221,856	218,230
純有利子負債残高	41,753	92,096	80,700	69,126	58,868

純有利子負債残高＝有利子負債残高－資金

この表は有利子負債、すなわち借入金の残高と純有利子負債残高の推移です。

純有利子負債残高は、有利子負債残高から資金残高を差し引いたもので、いわば実質的な借入金残高です。

純有利子負債残高は期首月では１億9,100万円でしたが、今回の１月末の残高は、5,800万円です。

今期の繰越利益は１億円未満ですが、実質的な借入金残高の減少額は１億円を超えています。

設備投資に新規の借入金を導入する準備はできています。

さて、ここにはもう１つ資金を生み出すための仕組みがありました。

運転資本の減少です。

7　運転資本の減少から資金を生み出す

下の表は運転資本の月次推移です。

運転資本は、営業活動における売掛金や在庫などとして、営業活動によっていずれ資金になる資産で資金予備軍です。

なお、買掛金は売掛金の逆で、資金の支払が留保されている負債ですので、マイナスして運転資本を計算します。

単位：千円

	X00/3	4	5	6	7	8
売掛金	366,116	353,872	333,066	337,304	303,306	288,945
棚卸資産	62,432	65,480	68,935	64,508	64,876	67,895
買掛金	104,051	122,387	123,261	123,273	129,913	127,451
運転資本	324,497	296,965	278,740	278,539	238,269	229,389

	9	10	11	12	X01/1
売掛金	258,210	304,909	308,724	310,094	322,623
棚卸資産	64,689	65,987	64,385	67,791	68,704
買掛金	123,006	124,013	124,398	131,379	137,974
運転資本	199,893	246,883	248,711	246,506	253,353

運転資本＝売掛金＋棚卸資産－買掛金

資金管理においては、拘束されないで早く現金化することが重要であり、今期も運転資本の圧縮を目標としてきました。

運転資本残高は、期首月の3億2千万円から今回1月の2億5千万円へと7千万円圧縮され、期首月との比較において、この期間の利益にプラスしてこの7千万円が資金の増加効果を生み出しています。

買掛金は取引ボリュームの増加にともなって増加傾向にある一方で、売掛金は売上が増加する中での逓減を示しており、早期回収努力の成果があったことが読み取れます。

運転資本に関しては、売上高や売上原価のボリュームとの関係でとらえることが重要です。

8 キャッシュコンバージョンサイクル

この表はキャッシュコンバージョンサイクルの月次推移です。計算式とともに確認してください。

日数

	X00/4	5	6	7	8
売掛金回転日数	67	66	64	57	57
在庫回転日数	28	30	29	26	30
買掛金回転日数	49	54	53	51	58
キャッシュコンバージョンサイクル	45	41	39	32	29

	9	10	11	12	X01/1
売掛金回転日数	52	54	56	53	53
在庫回転日数	28	29	28	27	27
買掛金回転日数	54	55	53	51	53
キャッシュコンバージョンサイクル	26	28	31	28	27

キャッシュコンバージョンサイクル＝売掛金回転日数＋在庫回転日数－買掛金回転日数
各日数は少数点第１位を四捨五入している

キャッシュコンバージョンサイクル
＝在庫回転日数（DIO）＋売上債権回転日数（DSO）
－仕入債務回転日数（DPO）
DIO（Days Inventory Outstanding）
　＝（月初棚卸資産＋月末棚卸資産）÷２／（月次売上原価÷31）
DSO（Days Sales Outstanding）
　＝（月初売上債権＋月末売上債権）÷２／（月次売上高÷31）
DPO（Days Payable Outstanding）
　＝（月初仕入債務＋月末仕入債務）÷２／（月次売上原価÷31）

キャッシュコンバージョンサイクル（CCC）は営業活動において資金が拘束される日数（DIO＋DSO）から、支払留保される日数（DPO）を差し引くことによって、仕入から売上入金までの実質的な資金拘束日数として計算されます。この日数が短いほど営業循環サイクルでの資金の流動性が高く、資金効率の高い営業活動が行われていることを示します。月間日数は31日として計算しています。

キャッシュコンバージョンサイクルは短縮傾向にあります。今回は27日となっており、資金化までの日数が飛躍的に短縮化されていることが分かります。

3 債務超過状態で赤字が継続している丙社での年度決算報告

貸借対照表

単位:千円

		X01期	X02期	X03期	X04期	X05期
流動資産	現金・預金	1,357	884	565	863	642
	その他資産	360	483	187	276	398
	計	1,717	1,367	752	1,139	1,040
固定資産	建物付属設備	1,250	1,000	750	500	250
	器具・備品	3,150	3,740	3,030	2,320	1,610
	その他資産	5,785	5,785	5,910	5,910	5,910
	計	10,185	10,525	9,690	8,730	7,770
資産合計		11,902	11,892	10,442	9,869	8,810
流動負債	短期借入金	7,340	3,135	9,929	16,389	11,984
	未払金	571	1,058	1,172	894	865
	その他負債	1,353	1,426	1,389	1,348	1,296
	計	9,264	5,619	12,490	18,631	14,145
固定負債	長期借入金	4,100	2,900	1,700	500	0
負債合計		13,364	8,519	14,190	19,131	14,145
純資産	資本金	10,000	10,000	10,000	10,000	10,000
	利益準備金	−	−	−	−	−
	繰越利益剰余金	△11,462	△6,627	△13,748	△19,262	△15,335
	(うち当期純利益)	(△1,835)	(4,835)	(△7,121)	(△5,514)	(3,927)
純資産合計		△1,462	3,373	△3,748	△9,262	△5,335
負債・純資産合計		11,902	11,892	10,442	9,869	8,810

分析指標

	X01期	X02期	X03期	X04期	X05期
総資産増減額	−	△10	△1,450	△573	△1,059
純有利子負債増減額	−	△4,932	5,913	4,962	△4,684
ROA	−	42.0%	-62.6%	-53.3%	42.9%

分析指標について

<u>総資産増減額</u>

　総資産の増減は企業経営への資産投入量であり、リスクの大きさを示します。一般に成長時や積極的活動時に増加し、経営不振時やリストラ時に減少（△）します。

<u>純有利子負債（＝借入金及び社債−現金・預金などの資金）増減額</u>

　減少（△）すれば返済原資としての資金成果が得られたことを意味し、増加すれば資金流失があり、資金成果はなく借金による資金補填があったことを意味します。

<u>ROA（＝事業利益÷（（期首総資産＋期末総資産）／2））</u>

　資産を有効に活用して利益を生み出しているかどうかを示す収益性の指標です。借入金の利払を可能にするためには借入金利より高いROAが必要であり、設備投資を行うためには、さらに高いレベル（8％〜10％程度）が必要となります。

決算説明の流れ　丙社　（貸借対照表）

1　財政状態の現状と変化

　年度決算にあたり、財政状態の現状と変化について説明します。
　前期（X05期）の総資産は880万円、負債総額は1,410万円です。前期も引き続き、債務（負債）が資産を超過する"債務超過状態"です。

　ただし、純資産のマイナス額（債務超過額のこと）は、黒字決算となったことから400万円減少しています。
　なお、利益額は貸借対照表の右下の方、カッコ書きの3,927千円です（数字の場所を示すときには、位置とともに丸めない正確な数字を伝える）。

　債務超過状態からの脱出は、コスト削減をさらに進めれば今期中にも実現可能と考えられます。

2　貸借対照表からの成果の説明

　利益が貸借対照表でどのように使われているかを確認します。
　総資産は減少していますので、現金の増加や設備の購入としては使われていません。
　有利子負債増減額を見てください。借入金の返済に使われています（大事な説明やポイントを示した後は、少し間を置く。相手に考え、確認してもらうことは、理解するために非常に大切である。質問はこのタイミングで出ることが多い。一方的にまくし立てないことで、説明にリズムができ、こちらもリラックスできる。）。

　純有利子負債増減額が468万円減少していますが、これは減少額に相当する資金成果が生み出されて借金が返済できたことを意味しています。利益はこの借金の返済に使われました。
　借入金のうち、長期借入金は銀行借入れであり、短期借入金は社長からの借入れです。これからも利益をあげて社長からの借入金の返済を進めましょう。

損益計算書から読み取れる情報

損益計算書

単位：千円

		X01期	X02期	X03期	X04期	X05期
	売上高	26,356	35,851	24,658	23,845	24,065
販売及び一般管理費	役員給与	12,000	12,000	12,000	9,750	2,400
	給料手当	4,153	4,672	4,235	4,197	4,163
	福利厚生費	2,350	2,543	2,284	2,307	2,195
	交際費	1,400	1,463	1,230	1,348	1,240
	会議費	422	204	269	315	259
	旅費交通費	1,076	1,008	1,164	1,327	934
	通信費	765	697	758	833	799
	消耗品費	501	1,650	555	176	195
	新聞図書費	281	362	336	384	317
	水道光熱費	564	547	528	530	473
	減価償却費	700	960	960	960	960
	地代家賃	1,890	2,270	3,780	3,780	2,046
	その他	1,890	2,485	3,550	3,355	4,080
	販管費合計	27,992	30,861	31,649	29,262	20,061
	営業利益（A）	△1,636	4,990	△6,991	△5,417	4,004
営業外損益	受取利息（B）	2	1	1	2	1
	支払利息	131	86	61	29	8
	経常利益	△1,765	4,905	△7,051	△5,444	3,997
	税引前当期純利益	△1,765	4,905	△7,051	△5,444	3,997
	法人税、住民税及び事業税	70	70	70	70	70
	当期純利益	△1,835	4,835	△7,121	△5,514	3,927
※事業利益（＝A＋B）		△1,634	4,991	△6,990	△5,415	4,005

　前期（X05期）以外では、X02期に黒字となっています。

　X02期は売上が大きく伸び、さらに利益を増やすことも可能でしたが、消耗品と地代家賃という２つの経費の増加により抑えられてしまっています。

　税金が発生しないように節税が意図された可能性があります。節税はもちろん大事ですが、一見その手段にも見える２つの経費の増加がかえって経営を圧迫するという皮肉な結果をもたらしてしまいました。

　X03期や04期は赤字です。コストのほとんどが固定費であり、売上高がX02期から１千万円以上減少したことが原因です。

　赤字脱出は、発生源を根絶できるかどうかが成否のカギとなります。

決算説明の流れ　丙社　（損益計算書）

3　黒字化の先手は赤字要素の根絶

　前期（X05期）は黒字達成となりました。
　前期以前の2期間は赤字が継続しましたが、売上高の回復を待つのではなく、先に赤字要素の根絶から始めたことの効果が損益計算書に現れてきました。
　非常時の対策として、社長にとっては厳しい判断であったと思われますが、その効果はきちんと現れています。
　経営状態の著しい悪化を原因とする債務超過からの脱出のために前々期から役員給与を減額したことにより、減額前のX03期との比較で960万円の利益増加要因になっています。
　さらに、地代家賃もオフィス移転により170万円ほど利益増加要因となりました。
　これらの固定費は、待っていても減少しません。意思決定が遅れるとその分だけ貸借対照表の財務状態は悪化します。
　貸借対照表は非常に辛抱強く、滅多なことでは悲鳴をあげません。悲鳴をあげるときは経営の末期状態です。
　利益こそが貸借対照表改善の薬であり、また特効薬です。今回の黒字でセーフ、間に合ったと考えて良いでしょう。

4　役員給与の減額の効果

　赤字会社こそ節税を意識しなければなりません。
　税金には今の税金と将来の税金があります。赤字会社の意識すべき税金はもちろん後者です。
　税務上の赤字、欠損金はその後一定期間繰り越して、その後の黒字と相殺（損金算入）できます。その期限が切れるまでに黒字化が達成できれば、繰り越した範囲内まで黒字の所得に税金がかかりません。期限付きの節税効果です。「赤字慣れはどんなことがあっても避ける」こと、これは鉄則です。

4 安定的な利益を目指す丁社での月次決算報告

損益計算書

(前年同月) 単位:千円

		X01/1	X01/2	X01/3	X01/4	X01/5	X01/6	X01/7	X00/7	当期合計
売上	清掃業務収入	28,189	28,189	28,189	28,189	28,189	28,189	28,189	28,189	197,323
	給食業務収入	17,718	17,747	17,728	17,740	17,712	17,756	17,718	17,743	124,119
	家賃収入	3,681	3,681	3,681	3,681	3,681	3,681	3,681	3,681	25,767
	売上合計	49,588	49,617	49,598	49,610	49,582	49,626	49,588	49,613	347,209
原価	材料費	8,333	6,345	6,408	7,619	7,837	6,664	6,999	6,826	50,205
	原価合計	8,333	6,345	6,408	7,619	7,837	6,664	6,999	6,826	50,205
売上総利益		41,255	43,272	43,190	41,991	41,745	42,962	42,589	42,787	297,004
人件費	給料手当	24,025	23,469	23,526	24,130	23,564	24,499	24,680	21,362	167,893
	法定福利費	1,577	1,438	1,469	1,469	2,158	1,469	1,438	1,394	11,018
	福利厚生費	506	913	389	537	1,220	243	411	332	4,219
	賞与引当金繰入	1,896	1,896	1,896	1,896	1,896	1,896	1,896	2,288	13,272
	退職給付引当金繰入	1,250	1,250	1,250	1,250	1,250	1,250	1,250	1,180	8,750
	人件費合計	29,254	28,966	28,530	29,282	30,088	29,357	29,675	26,556	205,152
諸経費	旅費交通費	483	1,093	717	784	777	828	433	730	5,115
	通信費	177	142	149	117	186	205	284	221	1,260
	消耗品費	502	1,804	303	544	856	882	844	916	5,735
	支払手数料	265	303	1,858	265	265	265	265	265	3,486
	接待交際費	326	237	528	398	447	1,180	401	518	3,517
	会議費	104	136	224	240	300	237	382	196	1,623
	租税公課	1,054	1,151	1,186	1,121	1,248	1,204	1,311	1,239	8,275
	減価償却費	1,376	1,376	1,376	1,376	1,376	1,376	1,376	1,465	9,632
	地代家賃	939	818	818	939	818	818	939	939	6,089
	支払保険料	360	360	360	961	360	382	360	360	3,143
	車両関連費	281	256	439	724	284	269	698	420	2,951
	その他	1,245	787	670	875	1,643	433	878	783	6,531
	諸経費合計	7,112	8,463	8,628	8,344	8,560	8,079	8,171	8,052	57,357
営業費用合計		36,366	37,429	37,158	37,626	38,648	37,436	37,846	34,608	262,509
営業利益		4,889	5,843	6,032	4,365	3,097	5,526	4,743	8,179	34,495
受取利息		13	101	18	0	0	16	0	28	148
雑収入		27	108	42	29	43	18	38	290	305
営業外収入		40	209	60	29	43	34	38	318	453
支払利息		1,313	1,305	1,297	1,290	1,282	1,274	1,266	1,198	9,027
雑損失		0	65	0	0	27	0	0	0	92
営業外費用		1,313	1,370	1,297	1,290	1,309	1,274	1,266	1,198	9,119
経常利益		3,616	4,682	4,795	3,104	1,831	4,286	3,515	7,299	25,829
特別損益		0	0	0	0	0	0	0	0	0
税引前当期純利益		3,616	4,682	4,795	3,104	1,831	4,286	3,515	7,299	25,829
法人税、住民税及び事業税		1,446	1,872	1,918	1,241	732	1,714	1,406	2,919	10,329
当期純利益		2,170	2,810	2,877	1,863	1,099	2,572	2,109	4,380	15,500
累計利益		2,170	4,980	7,857	9,720	10,819	13,391	15,500	25,705	
昨年度累計利益		3,424	7,448	11,805	14,766	17,611	21,325	25,705	40,169	

決算説明の流れ　丁社　(損益計算書)

1　利益の現状と要因

　利益は、営業利益も経常利益も、その他のすべての段階の利益において、現状においては安定的に計上できています。
　そのもっとも大きな要因は、売上高の安定にあります。
　不特定多数の顧客ではなく、グループ企業を顧客としたサービスの提供が主たる事業なので、収入面においてはさほどの変動はありません。

　一方、コスト面においては人件費の占める割合が大きく、損益計算書の右端にある当期合計ベースで(間を置く)、営業費用合計2億6,200万円のうち、人件費合計は2億500万円です。つまり、営業費用のうち78％が人件費になっています。
　固定費の多いビジネスでは、固定収入をより多く獲得することが利益の安定にもっとも重要であることを示しています。

（ここで、説明を受けていた社長からこんな質問が出たとする）
「売上もコストも固定的で利益は安定しているとのことですが、実際に赤字になるような事態は考えられないし、現状の利益であれば十分でしょうか。」

2　十分な利益と言えるか

　赤字になる気配もなく、安定的な黒字決算を続けたとしても、ハッキリと"十分な利益"だとは言えません。
　利益の使途は、配当金だけではありません。借入金元本の返済も、税引後利益を原資とした資金で返済する必要があります。
　支払利息は、毎月130万円前後発生しています。
　当然ながら、その支払利息の額を超える借入金の元本の支払がありますので、"十分な利益"と言えるためには、その資金を確保できるほどの利益実績であるかどうかの確認が必要です。

貸借対照表から読み取れる情報

貸借対照表

単位：千円

	X01/1	X01/2	X01/3	X01/4	X01/5	X01/6	X01/7
資産の部							
[流動資産]							
現金	423	301	349	477	397	251	329
普通預金	17,114	9,656	18,069	24,656	18,183	12,973	13,054
定期預金	206,400	176,400	176,400	176,400	176,400	176,400	176,400
売掛金	17,718	17,747	17,728	17,740	17,712	17,756	17,718
その他資産	316	193	395	218	389	259	430
流動資産計	241,971	204,297	212,941	219,491	213,081	207,639	207,931
[固定資産]							
(有形固定資産)	888,694	887,318	885,942	884,566	883,190	882,446	881,070
建物	393,079	393,079	393,079	393,079	393,079	393,079	393,079
建物付属設備	56,084	56,084	56,084	56,084	56,084	56,084	56,084
構築物	1,232	1,232	1,232	1,232	1,232	1,232	1,232
機械装置	4,468	4,468	4,468	4,468	4,468	4,468	4,468
車両運搬具	3,827	3,827	3,827	3,827	3,827	3,827	3,827
工具器具備品	8,279	8,279	8,279	8,279	8,279	8,911	8,911
土地	442,703	442,703	442,703	442,703	442,703	442,703	442,703
減価償却累計額	△20,978	△22,354	△23,730	△25,106	△26,482	△27,858	△29,234
(無形固定資産)	5,212	5,107	5,002	4,897	4,792	4,687	5,217
ソフトウェア	5,212	5,107	5,002	4,897	4,792	4,687	5,217
(投資等)	4,825	4,825	4,869	5,673	4,750	4,772	4,794
固定資産計	898,731	897,250	895,813	895,136	892,732	891,905	891,081
資産合計	1,140,702	1,101,547	1,108,754	1,114,627	1,105,813	1,099,544	1,099,012

①借入金の返済資金
差額の21,662（=604,410－582,748）千円が6ヶ月間での返済額
月平均3,610千円の資金が今後も確保できるか

	X01/1	X01/2	X01/3	X01/4	X01/5	X01/6	X01/7
[流動負債]							
買掛金	8,654					6,803	7,165
未払金	22,957	4,280	6,430	8,442	5,914	8,088	10,320
未払法人税等	24,149	3,318	5,236	6,477	7,209	8,923	10,329
賞与引当金	1,896	3,792	5,688	7,584	9,480	272	2,168
その他負債	1,006	976	1,689	1,653	1,517	1,585	1,432
流動負債合計	58,662	19,024	25,688	32,063	32,134	25,671	31,414
[固定負債]							
長期借入金	604,410	600,833	597,249	593,634	590,010	586,382	582,748
預り保証金	246,480	246,480	246,480	246,480	246,480	246,480	240,480
退職給与引当金	14,500	15,750	17,000	18,250	11,890	13,140	14,390
固定負債計	865,390	863,063	860,729	858,364	848,380	846,002	837,618
負債合計	924,052	882,087	886,417	890,427	880,514	871,673	869,032
純資産の部							
[資本金]	10,000	10,000	10,000	10,000	10,000	10,000	10,000
[剰余金]							
剰余金合計	206,650	209,460	212,337	214,200	215,299	217,871	219,980
純資産合計	216,650	219,460	222,337	224,200	225,299	227,871	229,980
負債・純資産合計	1,140,702	1,101,547	1,108,754	1,114,627	1,105,813	1,099,544	1,099,012
純有利子負債+預り保証金残高	626,953	660,956	648,911	638,581	641,510	643,238	633,445

②預かり保証金の返済資金
預かり保証金の返済が6ヶ月に1回6,000千円の返済が始まっている。
月平均1,000千円の資金が今後も確保できるか

純有利子負債残高＝長期借入金－（現金＋普通預金＋定期預金）

決算説明の流れ　丁社　（貸借対照表）

3　返済実績から月間平均返済額を計算する

① 長期借入金の返済資金

借入金としての長期借入金がかなり残っています。返済実績を見るために長期借入金残高の差額を計算しましたので、以下を見てください。

X01/1	604,410千円
X01/7	582,748千円
差額	21,662千円

1月と7月の差額は2,166万円であり、この期間での月平均返済額は361万円になります。

借入の元金と利息の合計返済額を一定額とする元利均等返済契約においては、今後の返済が進むにつれ元本返済部分が大きくなり、利息返済部分が小さくなります。計算された月平均返済額の361万円と今後の返済予定額とは異なってきますが、**現時点で十分か**の検証として、直近の返済実績をもとに計算しています。

長期借入金の元本の返済資金として361万円が必要となります。

② 預り保証金の返済

銀行借入金の返済以外にも、預り保証金を7月に600万円返済しています。今後も半年に1回600万円を返済しますので、月平均で100万円の返済資金が必要となります。

長期借入金の返済と預り保証金の返済を合わせて461万円の資金を毎月確保する必要があり、その原資としての利益が今後も継続的に必要となります。

4　必要な資金を生み出しているか ― 損益計算書から

　長期・継続的に返済しなければならない長期借入金と預り保証金について、現時点で返済に必要な資金は前項の条件のもとで461万円と計算されました。実際にそれだけの資金が生み出されているかどうかを確認しましょう。

単位：千円

	X01/1	X01/2	X01/3	X01/4	X01/5	X01/6	X01/7	当期合計	
減価償却費②	1,376	1,376	1,376	1,376	1,376	1,376	1,376	9,632	②
当期純利益①	2,170	2,810	2,877	1,863	1,099	2,572	2,109	15,500	①
累計利益	2,170	4,980	7,857	9,720	10,819	13,391	15,500		

フリーキャッシュフロー＝25,132（①＋②）7ヶ月
　同上　1ヶ月　　＝ 3,590（＝25,132÷7ヶ月）

　以下の表は損益計算書の一部です。
　借入金の元本も預り保証金も、ともに負債であり、費用ではありませんので返済は税引後の当期純利益が支払原資となります。
　ただし、利益ではなく資金が具体的な支払原資ですので、フリーキャッシュフローを計算します。

　なお、フリーキャッシュフローの計算においては運転資本の増減や設備投資額も影響しますが、売掛金や買掛金の運転資本に変動がないことや大きな設備投資も予定がないことから、フリーキャッシュフローは当期純利益に減価償却費を加えた金額として計算しています。

　計算結果は359万円でした。
　必要な資金が461万円ですので、100万円強不足しています。

5　必要な資金を生み出しているか ― 貸借対照表から

　損益計算書からは利益をもとに必要な資金を生み出しているかどうかを検証しましたが、貸借対照表からも検証することができます。
　次の表は貸借対照表からのデータです。

返済対象の長期借入金と預り保証金の返済をこの表で確認できます。
　その際、現預金は控除してネットの債務の推移によってとらえます。債務が減少しても現預金が大きく減少すればフロー成果ではなく過去のストックからの返済となるからです。

単位：千円

	X01/1	X01/2	X01/3	X01/4	X01/5	X01/6	X01/7
現金	423	301	349	477	397	251	329
普通預金	17,114	9,656	18,069	24,656	18,183	12,973	13,054
定期預金	206,400	176,400	176,400	176,400	176,400	176,400	176,400
現預金合計②	223,937	186,357	194,818	201,533	194,980	189,624	189,783
長期借入金	604,410	600,833	597,249	593,634	590,010	586,382	582,748
預り保証金	246,480	246,480	246,480	246,480	246,480	246,480	240,480
長期借入金＋預り保証金①	850,890	847,313	843,729	840,114	836,490	832,862	823,228
純要返済長期債務（①－②）	626,953	660,956	648,911	638,581	641,510	643,238	633,445

　要返済長期債務（長期借入金＋預り保証金）から現預金残高を差し引いた純要返済長期債務（ネットの債務）は減少しませんでした。
　すなわち、実質的に返済に必要な資金は生み出されていないことが貸借対照表からも検証されました。

6　利益は万能の経営成果

損益計算書（抜粋）

（前年同月）　単位：千円

		X01/1	X01/2	X01/3	X01/4	X01/5	X01/6	X01/7	X01/7	当期合計
売上合計		49,588	49,617	49,598	49,610	49,582	49,626	49,588	49,613	347,209
売上総利益		41,255	43,272	43,190	41,991	41,745	42,962	42,589	42,787	297,004
人件費	給料手当	24,025	23,469	23,526	24,130	23,564	24,499	24,680	21,362	167,893
	人件費合計	29,254	28,966	28,530	29,282	30,088	29,357	29,675	26,556	205,152
営業費用合計		36,366	37,429	37,158	37,626	38,648	37,436	37,846	34,608	262,509
営業利益		4,889	5,843	6,032	4,365	3,097	5,526	4,743	8,179	34,495
累計利益		2,170	4,980	7,857	9,720	10,819	13,391	15,500	25,705	
昨年度累計利益		3,424	7,448	11,805	14,766	17,611	21,325	25,705	40,169	

　営業利益は、前年同月比で810万円から470万円へ340万円減少しています。これは人件費の増加が原因です。必要な利益水準を確保できるように、コスト管理を強化してください。利益は負債の返済だけでなく、設備投資資金にも配当金・自社株買いの資金にもなる万能の経営成果です。
　キャッシュフロー重視の経営は、利益重視（赤字要素の排除）によってこそ達成できるのです。

【著者略歴】

和田　正次（わだ　しょうじ）

公認会計士・税理士
国際公認投資アナリスト（CIIA）
日本証券アナリスト協会検定会員（CMA）

1956年岐阜県大垣市生まれ。早稲田大学商学部卒業後、大手監査法人、ウィリアム・エム・マーサー（現マーサー ジャパン）を経て、和田公認会計士事務所開設、現在に至る。
日本公認会計士協会東京会経営委員会委員長、日本公認会計士協会学術賞審査委員等を歴任。経営・財務分野を中心に各社の指導、研修などで活躍中。
著書に『Q&A　会計の基本50』（日本経済新聞出版社）、『ニューディールな会計戦略』（日本経済新聞出版社）、『いまからはじめる「お金」づくりの本』（かんき出版）がある。

和田正次事務所ウェブサイト
http://www.wadacpa.com/

本書の内容に関するご質問は、ファクシミリ等、文書で編集部宛にお願いいたします。(fax 03-6777-3483)
なお、個別のご相談は受け付けておりません。

本書刊行後に追加・修正事項がある場合は、随時、当社のホームページ（https://www.zeiken.co.jp）にてお知らせいたします。

月次決算書の見方・説明の仕方

平成22年 8 月10日　初　版第 1 刷発行	（著者承認検印省略）
平成28年 2 月10日　第 2 版第 1 刷発行	
平成30年 9 月20日　第 2 版第 3 刷発行	

　　　　　　Ⓒ　著　者　和わ田だ　正しょう　次じ
　　　　　　　　発行所　税務研究会出版局
　　　　　　　　　　　　代表者　山　根　　毅

郵便番号100-0005
東京都千代田丸の内1-8-2鉄鋼ビルディング
振替00160-3-76223
電話〔書籍編集〕03(6777)3463
　　〔書店専用〕03(6777)3466
　　〔書籍注文〕03(6777)3450
　　　　　　　（お客さまサービスセンター）

● 各事業所　電話番号一覧 ●

北海道	011(221)8348	神奈川	045(263)2822	中　国	082(243)3720
東　北	022(222)3858	中　部	052(261)0381	九　州	092(721)0644
関　信	048(647)5544	関　西	06(6943)2251		

＜税研ホームページ＞　https://www.zeiken.co.jp

乱丁・落丁の場合は、お取替えします。　　印刷・製本　藤原印刷㈱

ISBN 978-4-7931-2181-4

週刊「経営財務」
~知る人ぞ知る会計専門誌のトップブランド~

contents

アングル
最近の企業会計・会社法等に関わるニュース&トピックスのサマリー。法律・制度改正の動向や会計基準・指針等の審議状況等を掲載。

経財トピックス
1週間の企業会計や会社法等に関わるニュース、会計実務で問題となっているトピックスを速報。

好評連載
会計実務のあらゆる疑問に対して、明快に回答するQ&A企画が大好評。

重要資料
重要法令、報告書、実務指針等を全文掲載。

ミニファイル
会計実務に関わるタイムリーなキーワードをやさしく解説する好評コラム

週刊「経営財務」
- 年間購読料　39,960円（税込・送料込・前払制）
- B5判 32頁（増ページ有り）　■ 毎週月曜日発行　■ 綴じ込み台紙付き（半年毎）

インターネット版も選べます！

探したい記事をすばやく検索！週刊「経営財務」インターネット版

経営財務データベース

- 年間利用料（経営財務データベース単体契約）　39,960円（税込・前払制）
- 年間購読利用料（週刊「経営財務」とセット契約）　52,920円（税込・前払制）

●充実のコンテンツ
2005年1月3日号（No.2703）から最新号までの掲載記事を全文収録！

法令集データ
- 金融商品取引法関係　● 会社法関係
- 企業会計基準委員会公表の会計基準等
- 監査基準　● 日本公認会計士協会公表資料

※価格は平成28年4月1日現在の金額です。

お問合せ先　株式会社 税務研究会　〒101-0065　東京都千代田区西神田1-1-3（税研ビル）
お客さまサービスセンター　Tel.03-3294-4741　Fax.03-3233-0197　URL. http://www.zeiken.co.jp/